PROCÈS-VERBAL

DE CE QUI S'EST PASSÉ

AU PARLEMENT,

Touchant les ſix Arrêts du Conſeil

Du 30 *Août* 1777,

CONCERNANT LA LIBRAIRIE,

Avec les comptes rendus à leur ſujet.

Comme les Libraires de Paris n'ont pas eu communication des tous les moyens fournis par quelques Libraires de Province à M. l'Avocat-Général, & qu'eux-mêmes avoient omis quelques-uns de leurs moyens, on a cru entrer dans l'esprit de ce Magistrat & de la Cour, en ajoutant au compte rendu quelques Notes relatives à ces deux objets.

PROCÈS VERBAL

De ce qui s'est passé au Parlement touchant les six Arrêts du Conseil du 30 Août 1777 concernant la Librairie;

Avec les COMPTES RENDUS à leur sujet.

DU VENDREDY

23 Avril 1779 du matin,

TOUTES LES CHAMBRES ASSEMBLÉES.

MONSIEUR LE PRÉSIDENT LEFEVRE D'ORMESSON:

CE jour, à l'issue de la seconde Audience, toutes les Chambres assemblées, Monsieur le Président Lefevre a dit, que Messieurs se rappelloient l'objet pour lequel l'Assemblée avoit été remise le 23 Mars dernier à ce jour d'hui.

A l'instant celui de Messieurs qui avoit proposé la Délibération le 23 Mars, a dit:

MONSIEUR,

La Littérature & la Librairie fleurissoient à l'abri des Loix, dont la juste sévérité réprimoit le brigandage des Contrefacteurs.

Les Auteurs se croyoient propriétaires des Ouvrages qu'ils avoient créés, & les Libraires, de ceux qu'ils avoient acquis. Un principe aussi simple avoit pour lui le droit naturel, le sentiment intérieur, l'opinion générale, des Edits enregistrés, les Arrêts de la Cour, un Réglement, fameux Ouvrage de M. d'Aguesseau, non revêtu, à la vérité, de Lettres Patentes, mais destiné à l'être, l'expérience enfin & le succès. On ne perdoit plus son tems à le prouver, ce principe si précieux aux Lettres; c'étoit une vérité élémentaire qui reposoit au nombre des Maximes de l'Etat: mais il n'est point de Maximes qui, dans un siecle ami des nouveautés, tiennent contre l'abus de l'esprit & les erreurs du pouvoir. La Littérature & la Librairie l'éprouvent: la propriété des Auteurs n'est plus qu'une grace; celle des Libraires n'est plus qu'un fantome dans le département de la Justice: l'esprit s'est appliqué à les combattre, le pouvoir à les détruire, & le nom chéri du Roi prêtant à leurs efforts son autorité respectable, ils ont réussi au moins pour un tems: ce sera, même après le retour aux principes, une triste époque pour les Libraires; mais ils n'ont pas désespéré des Loix, & je viens, animé du même sentiment, déférer à la Cour six Imprimés concernant la Librairie, ayant tous pour titre, *Arrêts du Conseil.* Ils sont tous six sous la date du 30 Août 1777.

A

Le premier de ces Arrêts étoit un Réglement de discipline pour les Compagnons Imprimeurs.

Il rappelloit & confirmoit les dispositions du titre V du Réglement de 1723, assujettissoit les Compagnons à plusieurs formalités dispendieuses tombées en désuétude, & de plus, leur imposoit l'obligation de porter toujours, au lieu d'un Billet de leur Maître, exigé par le Réglement, un Cartouche sur parchemin, timbré du sceau de la Communauté, signé des Syndic & Adjoints, expédié au Bureau de la Chambre Syndicale, moyennant 1 liv. 10 sols; rétabli, s'il s'égaroit, moyennant 15 sols; sujet au visa des Syndics & Adjoints, à chaque mutation de Maître, moyennant 1 livre 4 sols.

Cet impôt a paru onéreux aux Compagnons Imprimeurs; l'idée de ce Cartouche les a blessés; ils ont refusé de se conformer au Réglement: on n'a pas insisté, & ce premier Arrêt est demeuré sans exécution.

Le second portoit établissement de deux ventes publiques, l'une, du 15 au 30 Novembre, l'autre, du 15 au 31 Mai de chaque année, au plus offrant & dernier enchérisseur, des fonds de Librairie, parties de fonds, Privileges, ou portions d'iceux, soit de Paris ou des Provinces, les Libraires de Province & même étrangers admis concurremment aux achats avec ceux de Paris.

Le préambule de cet Arrêt en expliquoit les principes.

On y disoit que l'état actuel de la Librairie exigeoit des encouragemens;

Que deux ventes publiques rendroient les échanges plus faciles, & les négociations plus actives, donneroient aux fonds de Librairie la juste valeur que produit toujours la concurrence, assureroient aux acheteurs un bénéfice plus considérable que celui des remises accordées dans les traités particuliers, ne laisseroient pas craindre aux vendeurs la perte considérable éprouvée jusqu'à présent dans la vente des fonds, diviseroient naturellement les Privileges par toutes les Provinces, feroient des acquéreurs autant de surveillants intéressés à s'opposer aux contrefaçons, feroient cesser la rivalité de la Librairie de Paris & des Provinces, la tourneroient même au profit de cette branche importante de commerce, & formeroient de tous les Libraires une seule famille unie par l'intérêt, appellée aux mêmes négociations, participante aux mêmes graces.

Tels étoient les principes de l'Arrêt du Conseil: je ne m'attacherai point à les discuter; un seul fait y répondoit d'avance; ce fait est que les ventes des fonds de Librairie ne se font qu'à crédit: or, un homme libre qui vend, ne fait crédit qu'aux personnes qu'il aime ou qu'il connoît; aussi, Monsieur, ce deuxieme Arrêt est-il resté sans exécution comme le premier.

Le troisieme a pour objet de régler les formalités à observer pour la réception des Libraires & Imprimeurs.

Il est composé de onze Articles; les neuf premiers & le onzieme reprennent, avec des changements peu remarquables, les formalités prescrites, les épreuves exigées par le titre VI du Réglement de 1723. Le dixieme annonce un nouveau Tarif des droits de réception, arrêté par M. le Garde des Sceaux, pour être envoyé dans chaque Chambre Syndicale.

Cet Article, Monsieur, mérite attention. En 1723 il s'agissoit également de fixer les droits de réception des Libraires & Imprimeurs; mais le tarif n'en fut pas réservé à M. d'Armenonville, qui tenoit les Sceaux : il fut fixé en présence du Roi par les Articles XLV & XLVI du Réglement ; encore moins a-t-on pensé en 1723, que le premier Magistrat du Royaume pût disposer arbitrairement d'une partie de ces droits de réception. En 1777 on n'a plus pensé de même. Je ne veux accuser ni offenser personne ; mais mon devoir est d'exposer les faits.

Le tarif annoncé a paru le 8 Août 1778, c'est-à-dire au bout d'un an. Il ne paroît pas avoir été délibéré au Conseil : les droits ont été augmentés ; & l'excédent des nouveaux sur les anciens doit être versé dans la caisse établie par l'Article IX de l'Arrêt du Conseil portant Réglement sur la durée des Privileges. C'est ainsi que s'en est expliqué le Directeur de la Librairie dans sa Lettre d'envoi du tarif en question aux Officiers de la Communauté. Or, cette caisse, suivant l'Article cité par cette Lettre, doit demeurer sous la garde des Syndic & Adjoints à la disposition de M. le Garde des Sceaux, *pour les émolumens*, est-il dit dans l'Arrêt, *des Inspecteurs & autres personnes préposées à la manutention de la Librairie.* Sur quoi j'observerai que ces émolumens ne sont encore fixés par aucune Loi, ou Réglement, ou Tarif connu, & j'ose dire que je l'observe par nécessité, sans haine, sans passion, uniquement dans l'espérance que ma remarque, si la Cour en fait usage, en imposera à l'avidité licencieuse des subalternes : *non odio adductus alicujus, sed spe resecandæ libidinis.*

Je me suis procuré une copie tant de la lettre d'envoi du nouveau tarif, que du bordereau envoyé par le Directeur de la Librairie à la Chambre Syndicale, pour savoir quelle somme de chaque réception doit entrer dans la caisse laissée aux ordres de M. le Garde des Sceaux. Je laisserai ces deux copies sur le bureau : il est au pouvoir de la Cour d'en constater la sincérité : elle y verra que ces sommes provenant de la différence des nouveaux droits aux anciens, sont, en Librairie, pour les fils de Maîtres, de 153 liv. 16 sols ; pour les gendres, de 214 liv. 12 sols ; pour les apprentifs, de 504 liv. 12 sols : en Imprimerie, pour les fils de Maîtres, de 127 livres ; pour les gendres, de 177 liv. 16 sols ; pour les apprentifs, de 578 livres 18 sols. Je ne parle à Monsieur que de la Capitale : la différence des anciens & nouveaux droits pour les Provinces ne m'est pas connue.

Le quatrieme Arrêt porte suppression & création de différentes Chambres Syndicales dans le royaume. On y fixe le nombre des Chambres Syndicales du royaume à vingt, & l'on y regle les formalités à observer pour les élections des Syndics, les visites des Inspecteurs, la vente des livres après décès, l'ouverture des ballots.

Les principes de cet Arrêt sont, qu'il est dangereux de laisser subsister les Imprimeries isolées dans un état d'indépendance propre à faciliter les abus, & qu'il est nécessaire d'établir l'uniformité dans les opérations qu'exige la manutention de la Librairie & de l'Imprimerie.

Les Libraires observent que cet Arrêt assujettit dans l'intérieur du royaume, les envois de Paris, à des visites dispendieuses pour les Libraires, fatigantes pour les livres, inutiles pour le bon ordre, étant notoire que les livres prohibés ne s'impriment point dans la Capitale, ou ne s'y impriment qu'en très petit nombre, n'y parviennent que difficilement, y sont plus chers que dans les Provinces, & l'on n'a point à craindre qu'ils retournent; tellement que le commerce souffrira de ce réglement sans aucun bien pour la police.

Ces observations des Libraires sont-elles bien fondées en Justice, en Politique? Je m'abstiendrai de prévenir à cet égard, comme sur tout le reste, les délibérations de la Cour: au surplus, je ne vois pas que l'abus, s'il existe, intéresse les passions humaines: le remede sera moins difficile.

Me voici parvenu aux deux derniers Arrêts concernant la Librairie, à ceux qui paroissent combattre le plus ouvertement les droits des Libraires, des Auteurs, du Public, la Loi, le sens intime. L'un porte réglement sur la durée des Privileges en Librairie; l'autre, sur les contrefaçons faites ou à faire: tous deux sont remarquables par leur préambule.

Le préambule du premier, de celui des Privileges, pose en principe:

Que le Privilege en Librairie est une grace fondée en Justice, qu'il est la récompense du travail de l'Auteur, ou l'indemnité des frais du Libraire;

Que ces Privileges, différents par leurs motifs, doivent l'être par leur durée;

Que l'Auteur a des droits plus étendus, & que ceux du Libraire sont proportionnés au montant de ses avances, & à l'importance de son entreprise;

Que la perfection de l'ouvrage exige que le Privilege du Libraire dure autant que la vie de l'Auteur;

Qu'accorder un plus long terme, ce seroit convertir une jouissance de grace en une propriété de droit, rendre un Libraire seul arbitre à toujours du prix d'un livre, & refuser aux Libraires des Provinces un moyen légitime d'employer leurs presses;

Que pour les Libraires une jouissance limitée, mais certaine, est préférable à une jouissance illimitée, mais illusoire: pour le Public les livres tomberont à une valeur proportionnée à ses facultés: pour les Gens de Lettres, ils pourront, après un temps donné, acquérir par des Notes & des Commentaires sur un Auteur, le droit incontestable de faire imprimer le texte;

Et qu'enfin le Commerce en aura plus d'activité, & les Imprimeurs plus d'émulation.

Fondé sur ces principes, l'Arrêt que je défere à la Cour, après avoir établi dans l'article premier la nécessité d'un Privilege pour imprimer ou faire imprimer les livres nouveaux, défend par le second de solliciter la continuation du privilege, à moins que le livre ne soit augmenté d'un quart; &, dans ce cas là même, réserve la faculté d'accorder à d'autres la permission d'imprimer l'ancienne édition non augmentée.

Par le troisieme article, on déclare que les Privileges à l'avenir ne pourront être d'une moindre durée que de dix ans. Par le quatrieme, que le Privilege aura lieu non-seulement pour le temps exprimé, mais encore pendant la vie de l'Auteur, s'il survit à l'expiration. Par le cinquieme, que tout Auteur muni d'un Privilege pourra vendre son Ouvrage chez lui, qu'il jouira lui & ses hoirs à perpétuité du Privilege qu'il n'aura pas rétrocédé à un Libraire; mais que tout privilege ainsi rétrocédé sera réduit à la vie de l'Auteur par le seul fait de la cession.

Le sixieme article établit la concurrence illimitée des Libraires & Imprimeurs pour obtenir une permiſſion à l'expiration du Privilege ou à la mort de l'Auteur.

Le ſeptieme ordonne que les permiſſions ſeront expédiées ſur la ſimple ſignature du Directeur de la Librairie, & qu'il ſera donné connoiſſance de ces permiſſions à tous ceux qui en ſolliciteront du même genre.

Le huitieme, dans la crainte poſitivement exprimée que l'obtention de ces permiſſions ne ſoit illuſoire, & qu'on n'en obtienne ſans intention de les réaliſer, veut qu'elles ne ſoient accordées qu'à ceux qui auront payé le montant du droit porté au tarif qui ſera arrêté par M. le Garde des Sceaux.

Le neuvieme décide que le montant de ces droits ſera payé entre les mains des Syndic & Adjoints, ou de leurs Commis à cette recette, leſquels ne pourront s'en deſſaiſir que ſur les ordres de M. le Chancelier ou Garde des Sceaux, pour les émolumens des Inſpecteurs & autres perſonnes prépoſées à la manutention de la Librairie.

Le dixieme article preſcrit l'enregiſtrement des permiſſions dans deux mois ſur les regiſtres de la Chambre Syndicale de l'arrondiſſement.

Le onzieme preſcrit, dans le même délai pour Paris, dans trois mois pour la Province, la remiſe par les Libraires & Imprimeurs de leurs titres de propriété entre les mains de M. de Néville, Maître des Requêtes commis à cet effet, pour, ſur le compte de ce Magiſtrat, leur être accordé par M. le Chancelier, ou Garde des Sceaux, s'il y échet, un Privilege dernier & définif.

Le douzieme Article ôte l'eſpoir d'aucune continuation de Privilege aux Libraires & Imprimeurs qui n'auront pas repréſenté leurs titres dans les délais donnés.

Enfin le treizieme & dernier excepte des diſpoſitions de l'Arrêt, les Privileges d'Uſage des Dioceſes, & autres de cette eſpece.

La Cour voit aiſément que cet Arrêt a dû exciter une grande commotion dans la Librairie : mais, avant d'expoſer les griefs des Libraires, qu'il me ſoit permis de paſſer tout d'un coup à l'Arrêt ſur les contrefaçons, après quoi je réunirai ſous un ſeul point de vue les plaintes inutiles que tous les deux ont excitées.

Cet Arrêt, le ſixieme de la même date, défend de contrefaire pendant la durée des Privileges, ou même d'imprimer ſans permiſſion après leur expiration & le décès de l'Auteur, à peine de 6000 liv. d'amende pour la premiere fois, de pareille amende & de déchéance d'état en cas de récidive.

Il déclare l'édition contrefaite ſaiſiſſable ſur le Libraire comme ſur l'Imprimeur, & ſoumet le Libraire aux mêmes peines.

Il déclare en même temps que les Poſſeſſeurs du Privilege n'en pourront pas moins former leur demande en dommages & intérêts.

Le quatrieme Article eſt remarquable : il autoriſe la viſite du Poſſeſſeur ou Ceſſionnaire d'un Privilege, aſſiſté d'un Inſpecteur de Librairie, à ſon défaut d'un Juge ou Commiſſaire de Police, chez tout Imprimeur, Libraire ou Colpoteur, en boutique ou en magaſin, aux riſques, périls & fortunes de ce Poſſeſſeur ou Ceſſionnaire, ſans autre Permiſſion que le préſent Arrêt, à la charge pourtant d'exhiber préalablement à l'Inſpecteur,

Juge ou Commiſſaire, l'original du Privilege ou ſon *duplicata* collationné; enſuite, par une diſpoſition que j'avoue ne pouvoir pas comprendre, le même Article autoriſe *ceux chez qui on fera de ſemblables viſites à ſe pourvoir en dommages-intérêts contre ceux qui les feront, s'ils ne trouvent pas de contrefaçons des ouvrages dont ils auront exhibé le Privilege, encore qu'ils en euſſent trouvé d'autres :* d'où il paroît (ce que j'ai peine à croire) que ces autres contrefaçons ne pourront être ni ſaiſies ni dénoncées ſous les yeux mêmes de celui qu'elles dépouillent, lequel, pour une indication imprudente, que ſai-je, confiée à l'Inſpecteur, & peut-être trahie, ſera tenu au contraire d'indemniſer, à la vue de ſon propre bien, le Contrefacteur qui s'en eſt emparé, pris en flagrant délit.

L'Article V n'a rien d'intéreſſant, il condamne au pilon les ouvrages juſtement ſaiſis.

L'Article VI eſt l'eſſentiel. Voici comme il s'exprime : *Quant aux contrefaçons antérieures au préſent Arrêt, Sa Majeſté, voulant uſer d'indulgence, releve ceux qui s'en trouveront ſaiſis, des peines portées par les Réglements, en rempliſſant par eux les formalités preſcrites par l'Article ſuivant.*

Et ces formalités ſont de repréſenter les contrefaçons dans deux mois à l'Inſpecteur & à l'un des Adjoints de la Chambre Syndicale de l'Arrondiſſement, pour être la premiere page de chaque exemplaire eſtampillée par l'Adjoint & ſignée par l'Inſpecteur.

Les Articles VIII & IX ſont purement de forme. Le huitieme fait commencer le délai des deux mois de grace, du jour de l'enrégiſtrement du préſent Arrêt dans chaque Chambre Syndicale. Le neuvieme & dernier ordonne le renvoi à M. le Garde des Sceaux, par l'Inſpecteur, de l'eſtampille & du procès-verbal de ſes opérations à l'expiration dudit délai, paſſé lequel tous les livres contrefaits & dénués de la ſignature de l'Inſpecteur & de la marque de l'eſtampille, ſeront cenſés nouvelles contrefaçons, & ſoumis aux peines portées par l'Article I.

Telle eſt, Monſieur, l'économie de ces deux Arrêts, devenus ſi célebres, ſur la durée des Privileges en Librairie & ſur les contrefaçons.

Il étoit naturel que des Citoyens dépoſſédés demandaſſent juſtice. Les Libraires l'ont fait d'une maniere d'autant plus touchante, qu'elle étoit moins réguliere : au lieu de recourir au Parlement, organe légitime des opprimés, dépoſitaire & défenſeur des loix du Royaume & des droits de tous les Ordres, de tous les Corps, de tous les Citoyens, Juge naturel de leur état, ils ont cru devoir verſer leur douleur dans le ſein de Mr. le Garde des Sceaux. Les Veuves de la Communauté ont donné l'exemple en Octobre 1777, elles ont adreſſé à ce Magiſtrat *de très humbles & très reſpectueuſes repréſentations ;* en Novembre ſuivant, la Communauté entiere lui a préſenté un Mémoire très détaillé, & le Recteur de l'Univerſité a joint le ſien, au nom de l'Univerſité en Corps. Ces premieres tentatives n'ont produit aucun effet.

Alors les Libraires & Imprimeurs ont recouru directement au Roi par une Requête ſoutenue de deux Conſultations du 23 Décembre 1777 & 9 Janvier 1778; après quoi les Veuves de la Librairie ont imploré de leur côté la Juſtice Royale par une Requête particuliere : on ignore ſi ces Requêtes ſont parvenues au Roi, elles n'ont pas eu plus de ſuccès que les Mémoires adreſſés à M. le Garde des Sceaux.

Les Libraires étonnés, non abattus, ont gardé le silence. Ils se sont contentés d'opposer à l'exécution des Arrêts du Conseil cette résistance passive & respectueuse qui convient si bien à des sujets fideles, mais libres. Enfin les tarifs des droits de réception & de permission ont paru. Les Libraires profitant de cette circonstance, quoique fâcheuse, puisqu'elle étoit le premier effet des Arrêts du Conseil, ont adressé à M. le Garde des Sceaux de très humbles représentations contre ces tarifs en particulier, & contre les Arrêts en général. Leurs nouvelles instances n'ayant pas été plus heureuses, ils ont pris le parti de s'en tenir aux sollicitations indirectes. Des Gens de Lettres ont donné des Mémoires; des Magistrats ont invoqué les formes à l'appui des principes, proposé des conférences, annoncé une réclamation; ils n'ont pas eu le bonheur d'être entendus : on a pressé l'exécution des Arrêts du Conseil, & le temps qui s'écouloit voyoit toujours de nouvelles atteintes portées aux loix de l'Etat, ainsi qu'aux propriétés littéraires.

Enfin, Monsieur, les Libraires & Imprimeurs, désespérant d'obtenir justice du Département où les Arrêts du Conseil avoient été obtenus, ont tenté néanmoins un dernier effort : ils ont, dans un Mémoire approuvé par la Communauté assemblée, résumé leurs représentations sur les six Arrêts; & le résultat a été présenté à M. le Garde des Sceaux au commencement de Février en vertu d'une délibération prise par la Communauté le 23 Janvier précédent. Cette preuve nouvelle de leur soumission & de leur confiance n'a rien produit; & deux mois écoulés sans réponse m'ont fait penser qu'il étoit temps de ne plus abandonner sans examen, aux efforts d'un systême élevé contre les loix, une Communauté recommandable qui les implore.

En effet, Monsieur, la propriété littéraire a été maintenue par toutes les loix dans la personne de l'Auteur & du Libraire; on a toujours pensé que la permission d'imprimer un Ouvrage nouveau ne créoit pas la propriété, mais la supposoit, & que le Privilege uni à la Permission, n'étoit qu'une sauve-garde de la propriété. Ce principe, il est vrai, a éprouvé quelques atteintes, du moins sur la continuation des Privileges, au commencement du dix septieme siecle; mais il eut bientôt triomphé d'une opinion passagere qui n'a jamais pu s'élever au rang des Maximes de l'Etat: on en revint aux anciens principes. Les désordres de la concurrence sont fortement exprimés dans une Déclaration de 1649, Ouvrage du Chancelier Seguier; & depuis, comme avant, disent les Libraires dans leurs Mémoires, les continuations de Privileges ont été autorisées par tous les Réglements, qui tous ont maintenu les Auteurs dans la propriété de leurs Ouvrages, & les Libraires dans la propriété de leurs cessions; aussi, poursuivoient-ils, la Librairie, cultivant son propre champ, avoit-elle prospéré. Mais ne parlons plus que de justice: nous avions, ajoutoient les Libraires, acquis, vendu, échangé, partagé, donné en dot nos fonds de Librairie qui faisoient toute notre fortune, aujourd'hui nous sommes dépouillés. Les Arrêts du Conseil ayant détruit la propriété littéraire, nos traités sont incertains, nos partages sont illusoires, les biens de nos femmes sont privés d'hypotheque, nous sommes sans commerce, nous sommes sans état: par une disposition difficile à comprendre, la propriété des Auteurs, traitée de grace, est restreinte au point de ne pouvoir en disposer sans la perdre; & par une seconde non moins inouie, c'est une force rétroactive imprimée aux Arrêts du Conseil, qui nous exproprie, disent les Libraires, des héritages de nos peres, des fruits de nos acquisitions & de nos travaux.

L'impôt sur les Permissions d'imprimer, continuent les Libraires, est un des plus ruineux qu'on pût imaginer; il faudra donc payer pour réimprimer les Donations de Ricard 480 livres; pour les Œuvres de Henrys 960 livres; pour le Journal des Audiences 1680 livres; pour l'Histoire Ecclésiastique de Fleury in-4°. 4440 livres: sont-ce là des motifs d'encouragement? On dira de n'imprimer que des livres d'un débit sûr! en est-il de cette espece? en est-il du moins beaucoup?

L'objet de cette imposition énorme est d'obliger à faire usage des Permissions demandées. Quel si grand intérêt le public peut-il avoir à cette certitude?

L'emploi de l'impôt, c'est pour gratifier les Inspecteurs & autres personnes préposées à la manutention de la Librairie. Mais l'expérience prouve que jamais les contrefaçons n'ont été plus multipliées que depuis l'établissement des Inspecteurs: quand on sait d'où l'orage doit partir, il est facile de le conjurer; &, quant aux préposés, on a vû la Librairie très bien régie dans tout le Royaume par le ministere d'un seul Secrétaire qui travailloit quatre heures par semaine. A quoi sert la multiplication des Bureaux des subalternes? les affaires en vont-elles plus vîte? L'expérience prouve encore le contraire.

Les Libraires, Monsieur, n'ont pas été plus loin: mais la liberté de mon ministere m'autorise à demander pourquoi les fonctions, les appointements, les noms même des Préposés à la Librairie, ne sont pas rendus publics? Pourquoi le produit des droits destinés à la caisse établie par l'article IX de l'Arrêt du Conseil sur la durée des Privileges, n'est pas connu? en un mot, pourquoi le rapport de la recette à l'emploi n'est pas hautement, nettement, solemnellement déterminé? J'irai plus loin, j'oserai demander pourquoi cette imposition considérable sur les Permissions n'a pas été créée par une loi? pourquoi, du moins, l'augmentation des droits de réception n'a-t elle pas été arrêtée au Conseil en présence du Roi, les Libraires entendus?

Sur l'Arrêt des contrefaçons, les Libraires ont représenté que les contrefaçons déclarées destructives du commerce, & contraires à la bonne foi, se trouvoient néanmoins légitimées, au détriment des vrais propriétaires de manuscrits achetés sous les auspices de la loi;

Que le contrefacteur, en réimprimant le feuillet estampillé, vendroit la contrefaçon elle même, pour l'édition originale, au public abusé par le défaut d'estampille;

Que les saisies autorisées par le quatrieme article de cet Arrêt, ne seroient pas seulement illusoires, mais imprudentes; qu'on pouvoit croire que la contrefaçon spécifiée se trouveroit bien rarement; que la crainte de se voir bravés par l'étalage d'autres contrefaçons, & d'être condamnés à leur vue envers le coupable, arrêteroit les propriétaires un peu raisonnables, & qu'ainsi cet article assuroit l'impunité aux contrefacteurs;

Qu'ils osoient dire que l'indulgence du Roi excédoit son pouvoir: le

Roi

Roi pouvant faire grâce de ses droits, mais non des droits d'autrui;

Et qu'enfin cette indulgence, loin d'être pour l'avenir un gage de la circonspection des contrefacteurs, les encourageroit par l'espérance d'obtenir encore un traitement pareil, qu'il ne s'agira que de multiplier le nombre des contrefaçons au degré suffisant pour exposer qu'il y va de toute leur fortune.

Tels sont, Monsieur, les griefs de la Librairie. Si la Cour veut connoître plus particuliérement les effets immédiats des Arrêts du Conseil sur l'état des Libraires de cette Capitale, elle en pourra juger par le Mémoire du sieur le Clerc, l'un d'eux; voici comme il s'exprime en commençant: *Comme tous les Libraires de Paris, je ne possède le droit d'imprimer aucun livre, ou partie d'icelui, que par acquisition; la source de la plus grande partie de mes propriétés est l'acquisition que j'ai faite du fond de mon pere, par acte passé chez Me Dulion, le 27 Janvier 1758, acquisition dont j'ai payé la moitié à ma sœur.*

Ensuite l'Auteur expose les différents articles dont il est propriétaire, soit comme héritier de son pere, soit comme Auteur, soit comme acquéreur. Ils sont au nombre de cinquante-six; après quoi résumant sa déplorable position, « il ne me reste plus, dit il, qu'à faire connoître l'état de » l'Auteur de ce Mémoire, que les Arrêts du 30 Août dernier ruineroient » sans ressource, s'ils détruisoient ses propriétés.

» J'ai cinquante-quatre ans, je fais vivre ma femme, & cinq en» fants, reste de quatorze; la dépense nécessaire de ma maison m'em» pêche d'augmenter mon patrimoine, quoique je ne donne aucun » temps à l'amusement. Malgré mon peu de fortune, l'estime de mes » confreres m'a fait remplir toutes les places où un homme de mon état » peut parvenir; j'ose même dire que je m'y suis rendu utile: s'il falloit » que je perdisse mon fond de Librairie, la seule chose que je possede en » ce monde, je regarderois comme un bienfait la mort d'un sixieme en» fant que j'ai perdu depuis la publication des Arrêts du 30 Août dernier. » Je ne desirerois pas la mort des autres, mais je verrois venir la mienne » avec indifférence, pour n'être pas témoin de la misere qui les attend. » La justice & la bonté du Roi me rassurent; il ne me privera pas d'une » propriété que je lui fais connoître, & que j'ai acquise sur la foi des loix » qui ont été en vigueur jusqu'ici; il me la conservera au contraire à per» pétuité, comme il conserve celle des Auteurs qu'il connoît, sauf à » me conformer, dans mes acquisitions futures, aux nouveaux Arrêts, » s'ils ne sont pas révoqués ».

Ce Mémoire, Monsieur, a été présenté par le sieur le Clerc à MM. le Noir & de Néville; l'Auteur en a remis une copie certifiée véritable au Syndic de la Librairie, le 12 Janvier 1778; & cet infortuné pere de famille, qui n'a pas même obtenu quelques paroles de consolation, m'a adressé ce triste monument de sa ruine, avec une lettre qui me représente le Mémoire (en ce qui touche les propriétés de son fond de Librairie) *comme un tableau du commerce de la Librairie en général, & de l'état de chaque Libraire en particulier.* Il m'a autorisé à le mettre sous les yeux de la Cour. Je le laisserai sur le Bureau. Au surplus, Monsieur, mes informations particulieres m'ont fait connoître que le sieur le Clerc n'est pas le seul Libraire que les Arrêts du Conseil aient écrasé ; la Cour peut s'en convaincre.

Ce qui met le comble aux malheurs des Libraires, c'est que, dépouillés des objets de leurs traités par les Arrêts du Conseil, ils sont astreints à l'exécution de ces traités par les jugements des Tribunaux. Le sieur Pauĉton, Auteur d'un ouvrage intitulé : *Métrologie, ou Traité des Mesures, Poids & Monnoiès de l'antiquité & d'aujourd'hui*, avoit vendu son manuscrit à la veuve Desaint, par un acte antérieur de près d'un mois à la publication de l'Arrêt du Conseil du 30 Août 1777. L'Arrêt est publié, la veuve Desaint y voit que la propriété acquise pour toujours est réduite, aux termes de l'Arrêt, par le seul fait de la cession, à la vie de l'Auteur. Elle fait difficulté d'imprimer: son vendeur l'assigne au Châtelet. Elle conclut au rapport d'une Permission d'imprimer ; une Sentence interlocutoire y condamne le sieur Pauĉton : celui ci se conforme à la Sentence ; il rapporte une Permission, mais une Permission conçue dans les termes du nouvel Arrêt du Conseil ; *à savoir que si le sieur Pauĉton cédoit cette Permission, alors, par le seul fait de la cession, la durée de ce Privilege seroit réduite à celle de la vie de l'Auteur, ou de dix ans, à compter du jour de la date de ce Privilege, si l'Auteur décédoit avant l'expiration des dix ans.* La veuve Desaint ne s'est pas contentée de cette Permission, elle a persisté dans son refus, &, sur la clause nouvelle du Privilege, s'en est rapportée à la prudence des premiers Juges. Le Châtelet a ordonné, par une Sentence définitive, que le traité seroit exécuté; en conséquence, sans s'arrêter aux clauses & conditions insérées aux Lettres de Privilege obtenues par le sieur Pauĉton, a maintenu la veuve Desaint dans la propriété pleine & incommutable de l'ouvrage en question, & du droit exclusif de le faire imprimer & de le vendre pour elle, ses hoirs & ayants causes, conformément au traité double fait entre les Parties. Appel de cette Sentence par le sieur Pauĉton : l'audience est accordée ; &, par Arrêt contradictoire, la Cour met l'appellation au néant. La Sentence étoit du 11 Août 1778 ; l'Arrêt est du 10 Février 1779 : j'en défere à la Cour une copie collationnée.

Cette instance, Monsieur, n'est pas la seule de cette espece. Le sieur Pillot, Libraire, plaide contre le sieur Boucher, autre Libraire, & beau-frere de la dame Pillot, lequel, sous prétexte des nouveaux Arrêts du Conseil, refuse au sieur Pillot le paiement de 5000 livres, prix convenu de la cession faite au sieur Boucher par le sieur Pillot de plusieurs livres & parts de Privileges dépendants de la dot de la dame Pillot. Je sais aussi, que le sieur Debure fait quelques difficultés de payer des rentes qu'il a constituées en paiement des Privileges à lui cédés par des Auteurs ou des Libraires ; sera t-il condamné ? le sieur Boucher le sera-t-il aussi ? On peut le présumer : l'Arrêt du sieur Pauĉton l'annonce assez ; & ces condamnations seront très justes. La Cour prononce suivant les loix : ce n'est pas une loi qu'un Arrêt du Conseil. Les Tribunaux, heureusement, sont fideles à cette maxime. L'exécution des traités de Librairie sera donc ordonnée par les Arrêts des Cours ; & cependant cette exécution est rendue impossible par la seule existence des Arrêts du Conseil qui font la loi dans le département de la Librairie, où les nouvelles Permissions s'expédient tous les jours au préjudice des Ordonnances, & privent, par le fait, les Libraires de la chose vendue, tandis que nos Arrêts leur en font payer le prix suivant la loi.

Un état aussi pénible me paroît mériter les regards de la Cour. On voit, Monsieur, dans tous les actes que je défere à la Justice, des Arrêts du Conseil élevés au-dessus des Edits enregistrés, des propriétés détruites par l'effet rétroactif de ces actes irréguliers, un impôt créé sans Lettres Patentes, des tarifs dépendants de la seule volonté d'un sujet du Roi, une caisse publique établie sans comptabilité, & le concours inoui de la Justice & du Pouvoir, pour obliger des Citoyens à payer ce que le Pouvoir leur enleve, à perdre ce que la Justice leur fait payer. Je vous prie, Monsieur, de mettre en délibération ce qu'il convient de faire à ce sujet, & je dépose sur le Bureau :

Les Imprimés des six Arrêts du Conseil du 30 Août 1777 sur le fait de la Librairie.

L'Imprimé de l'état des sommes à payer pour les réceptions, & celui du tarif des droits de permission.

La copie de deux Lettres d'envoi de cet état & de ce tarif par le Directeur de la Librairie à la Chambre Syndicale de cette ville.

Une copie du Bordereau des différences des nouveaux droits de réceptions aux anciens pour Paris.

Un tableau imprimé des Ouvrages jugés communs, ou qui le deviendront à l'expiration des Privileges dont ils sont revêtus, en exécution de l'article XI de l'arrêt du Conseil du 30 Août 1777, portant Réglement sur la durée des Privileges en Librairie.

Trois copies de Mémoires présentés en Octobre & Novembre 1777 par les veuves des Libraires, le corps de la Librairie & le Recteur de l'Université.

Les Imprimés de la Requête & des Mémoires présentés au Roi par le Corps de la Librairie, & les veuves de la Communauté séparément.

L'Imprimé des Représentations des Corps de la Librairie & Imprimerie de Paris à M. le Garde des Sceaux, au sujet des deux tarifs.

Un Extrait collationné & signé par les Syndic & Adjoints de la Librairie, d'une Délibération de la Communauté du 23 Janvier 1779, ensemble une Copie collationnée & signée par les mêmes, du Mémoire énoncé dans cette Délibération.

Une Copie signée par le sieur Charles-Guillaume le Clerc de son Mémoire présenté à MM. le Noir & de Néville, sur les acquisitions des propriétés qui composent son fonds de Librairie, & sur le tort que lui causeroient les arrêts du Conseil du 30 Août 1777, s'ils devoient détruire cette propriété.

Un Mémoire imprimé du sieur Pauckon, contre la veuve Desaint; un Précis imprimé de la veuve Desaint, contre le sieur Pauckon ; ensemble une copie collationnée des sentence du Châtelet & arrêt de la Cour intervenus le 11 Août 1778, & 10 Février 1779 sur cette affaire.

Enfin un Mémoire imprimé du sieur Pillot, Libraire Juré de l'Université de Paris, contre le sieur Boucher, aussi Libraire en la même Université.

Sur quoi, la matiere mise en délibération,

Il a été arrêté que le récit d'un de Messieurs, & les pieces y mentionnées, seroient remis entre les mains des Gens du Roi, pour en rendre compte le vendredi 2 Juillet, ensemble des Réglements antérieurs sur le fait de la Librairie.

Les Gens du Roi mandés & entrés,

M. le Présient Lefevre leur a fait entendre le susdit arrêté; à quoi ils ont répondu, Me. Antoine-Louis Seguier, Avocat dudit Seigneur Roi, portant la parole, qu'ils se conformeroient aux ordres de la Cour.

Et se sont lesdits Gens du Roi retirés.

Après quoi la Cour s'est levée.

DU MARDI

31 Août 1779 du matin,

TOUTES LES CHAMBRES ASSEMBLÉES.

MONSIEUR LE PREMIER PRÉSIDENT:

CE jour, toutes les Chambres assemblées suivant l'indication du 27 de ce mois, les Gens du Roi sont entrés, &, Me Antoine-Louis Seguier, Avocat dudit Seigneur, portant la parole, ont continué & terminé le Compte qu'ils avoient commencé de rendre les 10 & 27 du présent mois en exécution de l'Arrêté de la Cour du 23 Avril 1779, au sujet des arrêts du Conseil intervenus en Août 1777, servant de nouveaux Réglements pour la Librairie.

Ledit Compte rendu, il a été dressé procès verbal, dans lequel est réuni la totalité dudit Compte, dans l'ordre des séances des 10, 17 & 31 Août où il avoit été commencé, suivi & terminé.

COMPTE RENDU

Par les Gens du Roi aux Chambres assemblées dans les séances des 10, 27 & 31 Août,

Au sujet des ARRÊTS du Conseil du 30 Août 1777, servant de nouveaux Réglemens pour la Librairie.

Séance du 10 Août 1779.

MESSIEURS,

L'attention que la Cour apporte à tout ce qui peut intéresser l'ordre public & la propriété des Citoyens, ne lui a pas permis de détourner ses regards des nouveaux Réglements qui sont intervenus sur le fait de la Librairie.

Ces Réglements, nouveaux pour le moment, parcequ'il paroît qu'ils ont existé autrefois, au moins en partie, mais entiérement destructifs de ceux qui étoient en usage à l'époque où ils ont été publiés; ces Réglements, destinés à devenir une loi nouvelle, sans en avoir encore le caractere & l'authenticité; ces Réglements enfin qui ont pour objet de créer un nouveau Code pour la Librairie, & de faire revivre des principes depuis long-tems abandonnés, excitent la réclamation, & de ceux qui dans leurs travaux se consacrent à éclairer l'esprit humain, & de ceux qui s'occupent à transmettre à la postérité les productions des Sciences & des Arts; c'est-à-dire, que les Auteurs, les Libraires, les Imprimeurs, & ceux qui, sous ces derniers, cooperent à l'impression, trouvent également leurs droits anéantis par l'effet du nouvel ordre qu'on veut établir dans la Librairie. Les Auteurs vraiment propriétaires des Ouvrages qu'ils ont créés, les Libraires, devenus propriétaires des Ouvrages qu'ils ont acquis, & les Compagnons Imprimeurs, se plaignent indistinctement, les premiers, de voir leur propriété réelle changée en grace; les seconds, leur propriété acquise devenue momentanée; les derniers, de se trouver assujettis à des formalités aussi incommodes que dispendieuses; & tous réclament les droits attachés à leur état lorsqu'ils l'ont embrassé.

Cette réclamation générale, ces plaintes multipliées sont parvenues jusqu'aux Magistrats: l'ordre public, dont la manutention & l'entretien est confié à leur vigilance; la propriété, dont le dépôt sacré est placé sous l'œil de la Justice & sous la sauve garde des loix, vous ont paru au premier aspect de ces Réglements nouveaux, ou dangereusement blessés, ou peut-être anéantis par des dispositions entiérement contraires aux dispositions des dernieres loix, devenues par leur enregistrement des loix publiques du Royaume.

C'est sans doute, Messieurs, dans cette vue que la Cour, par son arrêté du 23 Avril de la présente année, nous a fait remettre six Imprimés ayant chacun pour titre: « arrêt du Conseil concernant la Librairie, avec » différentes pieces relatives à ces Imprimés; ensemble le récit fait par » un de Messieurs, pour lui rendre compte du tout, ainsi que des Régle-» ments antérieurs sur le fait de la Librairie ». Arrêté de la Cour.

Il nous a été facile de reconnoître, par la communication que nous avons prise du récit qui vous a été fait par un de Messieurs, de ces différentes pieces que l'on nous a jointes, & les inconvénients qui en résultent, & le trouble qui s'est emparé des esprits dans le corps de la Librairie, & les alarmes qui se sont répandues dans toutes les familles de la capitale. La Cour a sans doute encore sous les yeux le tableau énergique qui lui a été offert; & quelque intervalle qui se soit écoulé jusqu'à ce jour, l'impression a été assez forte pour être encore présente à vos esprits. Nous n'aurions rien à y ajouter, si la Cour ne nous avoit chargés en même tems de lui rendre compte des anciens Réglements.

Nous n'avons rien négligé, Messieurs, pour satisfaire à l'obligation qui nous est imposée, & pour remplir autant qu'il est en nous le devoir de notre ministere: mais dans un travail d'une étendue aussi immense, nous ne nous flattons point d'avoir réuni non seulement les réflexions qu'une matiere aussi délicate peut présenter, mais encore la totalité des Réglements qui peuvent être intervenus dans des temps éloignés & sans doute inconnus. Si quelque chose nous est échappé, c'est défaut d'instruction de notre part; nous n'avons rien dissimulé de ce qui est parvenu à notre connoissance. Les lumieres de la Cour la mettront à portée de suppléer à notre insuffisance.

Nous commencerons par mettre sous les yeux de la Cour, le plan que nous nous sommes proposé dans le compte qu'elle nous a prescrit de lui rendre en ce moment, & pour y répandre plus de clarté, nous le diviserons en trois parties différentes.

Dans la premiere, nous analyserons les six arrêts du Conseil, qui ont fait l'objet de la délibération du 23 Avril dernier.

Dans la seconde, nous examinerons les pieces que la Cour a elle-même annexées aux six arrêts du Conseil, dont elles sont la suite & la conséquence.

Et enfin, dans la troisieme, nous descendrons dans le détail de tous les anciens Réglements intervenus sur la Librairie, qui sont à notre connoissance.

PREMIERE PARTIE.

Nouveaux Réglements.

Nous avons dit que nous analyserions en premier lieu les six arrêts du Conseil que la Cour nous a fait remettre. Nous ne ferons que les parcourir, & très rapidement.

Le premier de ces arrêts du Conseil contient un Réglement de discipline pour les Compagnons Imprimeurs.

Le principal objet de ce Réglement, est de renouveller les dispositions du titre V du Réglement de 1723, en y ajoutant néanmoins de nouvelles formalités. On assujettit les Ouvriers à porter toujours, au lieu des Billets de leur Maître, un Cartouche en parchemin, timbré du sceau de la Communauté, signé des Syndic-Adjoints, expédié au Bureau de la Chambre Syndicale, moyennant 30 sols, renouvellé en cas de perte pour 15, & visé par les Syndic & Adjoints à chaque mutation de Maître, en payant de nouveau 24 sols.

On oblige les Maîtres à déclarer les Ouvriers qui entrent & qui sortent de leur Imprimerie, à déclarer encore les 15 & dernier de chaque mois les Ouvriers qui ont manqué à leur travail, soit par incommodité, soit pour affaires, soit pour cause de maladie, afin que les Syndic-Adjoints puissent en rendre compte : comme aussi de donner à la fin de chaque mois un état général de tous les Ouvriers qu'ils occupent.

Il est ordonné que tous les ans il sera fait dans la Chambre Syndicale un appel ou visa de tous les Ouvriers travaillants dans le ressort de ladite Chambre, & de faire viser leur Cartouche, s'ils demeurent dans la ville où est établie la Chambre Syndicale, & de l'envoyer viser, s'ils demeurent dans l'arrondissement de ladite Chambre, à peine de 6 liv. d'amende qui leur seront retenus par le Maître chez lequel ils travaillent.

Pour faire connoître la conduite desdits Ouvriers, chaque Chambre Syndicale enverra tous les ans aux autres Chambres, dans le mois qui suivra l'appel, l'état des enregistrements faits pendant l'année, avec la note des observations qui y sont relatives.

Enfin, on fait le partage des sommes résultantes des enregistrements, Cartouches & mutations, les frais prélevés. Ces sommes se diviseront en trois parts, qui seront distribuées par les Syndic & Adjoints de chaque Chambre Syndicale ;

La premiere, aux anciens Ouvriers infirmes & hors d'état de travailler, dont la conduite aura été exempte de reproche ;

La seconde, aux Ouvriers obligés de suspendre leurs travaux pour cause de maladie.

La troisieme, aux Ouvriers qui travaillent depuis 30 ans dans l'Imprimerie, & dont les Maîtres certifieront l'exactitude & la probité.

Le second arrêt du Conseil établit deux ventes publiques de Librairie chaque année dans la Chambre Syndicale de Paris, l'une depuis le 15 Novembre jusqu'au 30 du même mois, l'autre depuis le 15 Mai jusqu'au 31.

On y exposera en vente les fonds de Librairie, des parties de fonds, des Privileges ou portions d'iceux, dont les Libraires & Imprimeurs de Paris ou des Provinces voudront se défaire.

Tous les Libraires & Imprimeurs du Royaume pourront acquérir les Privileges ou la portion des Privileges qu'on voudra vendre; & les Libraires Etrangers pourront acquérir, concurremment avec les Imprimeurs & Libraires François, les fonds de Librairie ou partie d'iceux qui seront exposés en vente.

L'Administration se flatte de rendre, à la faveur de ces deux ventes publiques, les échanges plus faciles, les négociations plus actives, de procurer aux fonds de Librairie la valeur que produit la concurrence, de diviser les Privileges & de les faire circuler dans la Province, de mettre de nouveaux obstacles aux contrefaçons, & enfin de former de tous les Libraires du Royaume une seule famille unie par l'intérêt, & participant aux mêmes graces.

Le troisieme arrêt du Conseil a pour objet de régler les formalités à observer pour la réception des Libraires & des Imprimeurs. Ce Réglement est renfermé dans onze Articles. A quelques changements près, ce sont les mêmes formalités, les mêmes épreuves que celles qui avoient été prescrites par le Réglement de 1723. Nous observerons cependant que l'Article X annonce un nouveau tarif pour les droits de réception, & il est dit que les aspirants à la Librairie & à l'Imprimerie paieront aux Syndic & Adjoints pour leurs réceptions les sommes qui seront portées au tarif qui sera arrêté par M. le Garde des Sceaux, & renvoyé dans chaque Chambre Syndicale.

Ce tarif a été en effet envoyé en 1778, & il contient une augmentation de droits en sus de ceux qui avoient été fixés par le Réglement de 1723. A cette époque, le prix de la réception de Libraire ou d'Imprimeur faisoit partie du Réglement en lui-même. Tout aspirant à la Maîtrise, soit dans la Librairie, soit dans l'Imprimerie, étoit tenu de payer la somme de 1000 liv. pour être reçu Libraire, & 500 liv. s'il n'étoit reçu que comme Imprimeur, & les deux sommes revenant ensemble à 1500 liv. s'il réunissoit les deux qualités; ce qui, avec les frais ordinaires, revenoit en totalité à 2421 liv. 12 sols. Les fils de Maîtres n'étoient tenus de payer que 600 liv. pour la Librairie & 300 liv. pour l'Imprimerie, outre les frais de Communauté; ce qui faisoit en tout, pour les fils de Maître, 1771 liv. 12 sols. Les Compagnons qui épousoient la fille ou la veuve d'un Maître payoient également 600 liv. pour être reçus Libraires, 300 liv. pour être reçus Imprimeurs, & les uns & les autres payoient 900 liv. pour être à la fois Imprimeurs & Libraires; ce qui, avec les frais de réceptions, pour les gendres, faisoit 1821 l. 12 s. Ces paiements étoient fixés par les Articles 45 & 46 du tit. 6 du Réglement de 1723.

Le nouveau tarif ne fait point partie de l'arrêt du Conseil du 30 Août 1777. Il a été envoyé par forme de bordereau à la Chambre Syndicale ; les sommes y sont augmentées, ensorte que pour être reçus Libraires, les fils de Maîtres paieront 1200 liv. les gendres de Maîtres 1300 liv. & les apprentifs 2000 liv. Il en est de même des droits pour la réception d'Imprimeur. En réunissant les deux qualités, les fils de Maitres paieront 1900 liv. les gendres 2000 liv. & les apprentifs 3000 liv. Augmentation considérable en elle même, & dont la différence est bien sensible ; encore ce nouveau tarif ne doit-il avoir lieu que pour les réceptions qui se font dans la Capitale. Nous observerons ici que dans le bordereau que la Cour nous a fait remettre, il est dit en tête, que les sommes excédantes les anciens droits, entreront dans la caisse de M. le Garde des Sceaux : mais c'est une erreur, il n'y a point de caisse de cette dénomination, il n'en est rien dit dans le tarif imprimé, & c'est dans la caisse du sceau que ces sommes sont versées : nous nous sommes instruits de ce fait inconsidérément avancé, & nous en avons reconnu la fausseté. Enfin, pour vous rendre compte de l'emploi qui sera fait de cet excédant, il paroît qu'il est destiné à payer ou gratifier les Inspecteurs de la Librairie & les autres personnes destinées à la manutention de cette partie de l'Administration, relativement au commerce de la Librairie & de l'Imprimerie.

Passons au quatrieme arrêt du Conseil.

Il porte suppression des anciennes Chambres Syndicales & création de nouvelles dans tout le Royaume. On y fixe le nombre de ces Chambres Syndicales à vingt. On y prescrit les formalités qui doivent s'observer, soit pour les élections des Syndics, soit pour la visite des Inspecteurs, soit pour la vente des livres, soit pour l'ouverture des ballots.

Le but qu'on s'est proposé dans ces suppression & création a été de prévenir les abus qui pourroient naître de l'indépendance où se trouvoient certaines Imprimeries isolées, & on se flatte d'y parvenir en établissant une uniformité dans toutes les opérations qu'exige la manutention de la Librairie & de l'Imprimerie.

Jusqu'à présent nous avons eu l'honneur de vous rendre compte de ce que contiennent les quatre premiers arrêts que la Cour nous a fait remettre ; il en reste encore deux, & ce ne sont pas les moins importants. Il est difficile de ne pas entrer à leur égard dans le détail le plus étendu.

Le premier porte Réglement sur la durée des Privileges en Librairie : le second concerne les contrefaçons faites ou à faire. Pour mettre la Cour à portée de savoir l'ensemble de ces Réglements, nous nous trouvons obligés de mettre non seulement les dispositions qu'ils renferment sous ses yeux, mais encore les préambules qui en contiennent l'esprit & les motifs.

Dans le préambule de l'arrêt portant Réglement sur la durée des Privileges en Librairie, on y fait dire au Roi : qu'un Privilege en Librairie est une grace fondée en Justice, que ce Privilege est la récompense du travail de l'Auteur, qu'il est pour le Libraire l'assurance du remboursement de ses frais.

Que cette différence dans le motif de la grace, en doit produire une

dans

dans la durée; que l'Auteur a des droits plus étendus, & que ceux du Libraire doivent être proportionnés au montant de ses avances & à l'importance de son entreprise; que la perfection de l'ouvrage exige que le Privilege dure autant que la vie de l'Auteur; qu'accorder un plus long terme ce seroit convertir une jouissance de grace en une propriété de droit; ce seroit consacrer le monopole, rendre un Libraire seul arbitre à toujours du prix d'un livre, & laisser subsister la source des abus des contrefaçons, en refusant aux Libraires de Province un moyen légitime d'employer leurs presses;

Que pour les Libraires, une jouissance limitée, mais certaine, est préférable à une jouissance indéfinie, mais illusoire; le Public verra ce Réglement d'un œil favorable, parceque les livres tomberont à une valeur proportionnée à ses facultés, & les Gens de Lettres y trouveront leur avantage, puisqu'ils pourront, après un temps donné, acquérir, par des notes & des commentaires sur un Auteur, le droit incontestable de faire imprimer le texte : enfin le commerce en aura plus d'activité, & les Imprimeurs plus d'émulation.

Tels sont, Messieurs, les principes établis dans le préambule du Réglement concernant la durée des Privileges : telle est la base sur laquelle reposent les dispositions dont nous allons vous rendre compte.

L'Article I prescrit la nécessité d'un Privilege ou de Lettres du grand Sceau pour imprimer ou faire imprimer les livres nouveaux.

L'Article II défend de solliciter la continuation d'un Privilege, à moins que le livre ne soit augmenté du quart, &, dans le cas d'augmentation, le même article réserve la faculté d'accorder à d'autres la permission d'imprimer l'ancienne édition non augmentée.

Par le IIIe Article on déclare que les Privileges ne pourront à l'avenir être d'une moindre durée que de dix ans.

Par le IVe le Privilege aura lieu, non seulemant pour le terme exprimé, mais encore pendant la vie de l'Auteur, s'il survit à l'expiration du Privilege.

Il est dit par le Ve que tout Auteur, muni d'un Privilege, pourra vendre son ouvrage chez lui, qu'il jouira lui & ses hoirs, à perpétuité, du Privilege qu'il n'aura pas rétrocédé aux Libraires; mais que tout Privilege rétrocédé sera réduit à la vie de l'Auteur, par le seul fait de la cession.

Le VIe Article permet à tout Libraire ou Imprimeur d'obtenir la permission d'imprimer un ouvrage après l'expiration du Privilege & la mort de l'auteur; & cette concurrence est illimitée, c'est-à dire que plusieurs pourront obtenir tous à la fois la permission de faire une nouvelle édition d'un même ouvrage.

Le VIIe Article ordonne que les Permissions seront expédiées sur la simple signature du Directeur de la Librairie, & qu'il sera donné connoissance de ces permissions à tous ceux qui en solliciteront du même genre.

Le VIIIe prévoit le cas où l'on obtiendroit une Permission sans l'intention de la réaliser, & pour empêcher que l'obtention d'une Permission ne soit illusoire par le non-usage, il est ordonné que ces Permissions ne soient accordées qu'à ceux qui auront payé le montant d'un droit porté au tarif qui sera arrêté par M. le Garde des Sceaux.

Le IXe décide que le montant de ces droits sera payé entre les mains des Syndic & Adjoints ou de celui qu'ils commettront à cette recette, lesquels ne pourront s'en dessaisir que sur les ordres de M. le Chancelier ou Garde des Sceaux, pour les émoluments des Inspecteurs ou autres personnes préposées à la manutention de la Librairie.

Le X prescrit l'enregistrement des Permissions dans deux mois sur les Registres de la Chambre Syndicale de l'arrondissement.

Le XI a pour but de fixer la durée des Privileges antérieurs, & il ordonne que dans le délai de deux mois, pour Paris, & de trois pour la Province, tous les Libraires & Imprimeurs remettront les titres sur lesquels ils établissent leur propriété, entre les mains de M. le Camus de Néville, Maître des Requêtes, commis à cet effet, pour, sur le compte qu'il en rendra, leur être accordé par M. le Chancelier, ou Garde des Sceaux, s'il y échet, un Privilege dernier & définitif.

Le XII article enleve tout espoir d'aucune continuation de Privilege à ceux qui n'auront pas représenté leurs titres de propriété dans le délai prescrit.

Et le XIII enfin excepte des dispositions du Réglement les Privileges d'usages des Diocèses & autres de cette espece.

Ce simple exposé suffit pour vous faire connoître combien ce nouveau Réglement est opposé aux prétentions des Libraires & Imprimeurs de Paris sur-tout, qui réclament la propriété des ouvrages dont ils sont en possession, soit par l'acquisition qu'ils en ont faite des Auteurs, soit en vertu des Privileges qu'ils ont obtenus dans un temps où l'on n'avoit encore élevé aucune difficulté sur la nature de leur propriété, & sur celle du privilege qui n'en est que la conséquence.

Nous examinerons dans la suite l'une & l'autre de ces deux questions, & nous continuerons à vous rendre compte, quant à présent, du Réglement concernant les contrefaçons faites ou à faire : il a une liaison si intime avec le Réglement sur la durée des Privileges, qu'il est impossible de les séparer.

Ce nouveau Réglement est le sixieme des Arrêts du Conseil que la Cour nous a fait remettre.

Le préambule s'explique d'abord sur le tort que cause à la Librairie la multiplicité des contrefaçons faites au préjudice des Privileges déja obtenus. On y reconnoît que cet abus est destructif de la confiance, qui est le lien du commerce, & contraire à la bonne foi, qui doit en être la base; que les Auteurs ne sont pas moins intéressés que les Libraires à voir réprimer, avec sévérité, la licence des contrefacteurs avides; qu'il est indispensable de ramener tout le Corps de la Librairie à un plan uniforme. Mais comme il existe un grand nombre de livres contrefaits, qui forment la fortune de la plus grande partie des Libraires de Province, le Roi veut bien user d'indulgence, & relever les possesseurs desdites contrefaçons de la rigueur des peines portées par les Réglements.

C'est dans cette vue que le nouveau Réglement défend de contrefaire aucun livre pendant la durée des Privileges, ou même d'imprimer sans Permission après l'expiration du Privilege & le décès de l'Auteur, à peine de 6000 livres d'amende pour la premiere fois, & de pareille amende & de déchéance d'état en cas de récidive.

L'article II déclare l'édition contrefaite saisissable sur le Libraire comme sur l'Imprimeur, & soumet le Libraire aux mêmes peines.

L'article III déclare que le possesseur du Privilege n'en pourra pas moins former une demande en dommages intérêts, proportionnés au tort que la contrefaçon lui aura fait éprouver.

L'article IV autorise le possesseur, ou cessionnaire d'un Privilege, à se faire assister, en vertu du présent Réglement, d'un Inspecteur de la Librairie, ou, à son défaut, d'un Juge ou Commissaire de Police, pour visiter, à ses risques, périls & fortune, les Imprimeries, Boutiques, Magasins des Imprimeurs, Libraires & Colporteurs, où ils croiront trouver des exemplaires contrefaits; à la charge néanmoins d'exhiber préalablement à l'Inspecteur, Juge ou Commissaire, l'original du Privilege, ou son *duplicata* collationné; & dans le cas où il ne se trouveroit point de contrefaçons des ouvrages dont on auroit exhibé le Privilege, ceux chez qui on aura fait la visite, pourront se pourvoir en dommages intérêts contre ceux qui les feront, encore qu'ils eussent trouvé d'autres ouvrages contrefaits.

L'article V condamne au pilon les éditions justement saisies.

L'article VI légitime, avec des précautions, les contrefaçons antérieures au Réglement; il est ainsi conçu.

» Quant aux contrefaçons antérieures au présent arrêt, Sa Majesté vou-
» lant user d'indulgence, releve ceux qui s'en trouveront saisis des peines
» portées par les Réglements, en remplissant par eux les formalités pres-
» crites par l'article suivant ».

Ces formalités prescrites par l'article VII, sont de représenter, dans le délai de deux mois, à l'Inspecteur, & à l'un des Adjoints de la Chambre Syndicale, dans l'arrondissement de laquelle ils seront domiciliés, les ouvrages contrefaits, pour être la premiere page de chaque exemplaire estampillée par l'Adjoint, & signée par l'Inspecteur.

L'article VIII fixe le terme, à compter duquel les deux mois de grace doivent courir; & l'article IX, également de forme, ordonne le renvoi à M. le Garde des Sceaux par l'Inspecteur, & de l'estampille, & du procès-verbal de ses opérations, à l'expiration dudit délai, passé lequel tous les livres contrefaits, & dénués de la signature & de l'estampille, seront censés nouvelles contrefaçons, & ceux sur lesquels ils auront été saisis, sujets aux peines portées par l'article I.

Vous vous rappellez, Messieurs, que par l'article IX de l'Edit sur la durée des Privileges, il annonce que l'on paiera les droits de chaque Permission nouvelle, conformément au tarif qui sera envoyé par M. le Garde des Sceaux. Ce tarif a été envoyé, & nous y voyons que

Pour une édition *in*-32, tirée à 1500 exemplaires; car la Permission contiendra le nombre des exemplaires qu'on doit tirer, on paiera par chaque volume	1 liv.	10 f.
Pour une édition *in*-24, tirée à 1500, par chaque vol.	3	15
Pour une édition *in*-18, par chaque volume . .	7	10
Pour une édition *in*-16, par vol.	15	
in-12. *idem*.	30	
in-8°. *idem*.	60	
in-4°. *idem*.	120	
in-folio, *idem*.	240	

Ensorte que pour une édition en 33 volumes, comme nous en avons vu de nos jours, le Libraire sera tenu de payer d'avance, & de verser dans la caisse 7920 liv. pour obtenir la Permission d'imprimer ; ce qui paroît énorme, même pour l'entreprise la plus considérable.

Il a paru en même temps une notice des ouvrages qui deviendront communs : on a fait imprimer un tableau par lettres alphabétiques des livres qui pourront être demandés indifféremment par tous les Libraires du Royaume.

Telles sont, Messieurs, les dispositions des six Arrêts du Conseil, & principalement des deux derniers Réglements qui, sur-tout, ont paru mériter l'attention de la Cour.

Nous croyons avoir entiérement rempli tout ce que vous attendiez de notre ministere dans la premiere partie que nous avons eu l'honnneur de vous annoncer. Passons actuellement à la seconde ; elle embrasse le compte que nous devons rendre des pieces qui sont annexées aux six imprimés que la Cour nous a fait remettre.

SECONDE PARTIE.

Pieces annexées aux six Arrêts du Conseil.

DEPUIS un siecle & plus la Librairie vivoit sous la loi du Réglement de 1723 ; car ce Réglement lui même n'étoit que le résultat des différentes loix qui avoient été données par les prédécesseurs de M. le Chancelier d'Aguesseau, & ce chef de la Magistrature y avoit réuni tout ce qui pouvoit intéresser l'ordre public & l'intérêt particulier du Corps de la Librairie. Le Réglement de 1723, quoiqu'il n'eût pas été enregistré en la Cour, étoit devenu le Code général de l'Imprimerie. C'est d'après les dispositions qu'il renferme, que les Auteurs traitoient avec les Libraires, que les Libraires se concertoient dans leurs familles, que le public enfin jouissoit à son gré du fruit des veilles des Savants de tous les âges & de tous les pays. Un nouvel ordre de choses paroît en 1777 : tout ce qui avoit été fait sous les Chanceliers d'Aligre, Seguier, d'Aligre, le Tellier, Boucherat, Phelippeaux, Voisin, d'Aguesseau & Lamoignon, se trouve comme anéanti : de nouveaux principes écartent les anciens ; ce qui avoit été jusqu'alors regardé comme une vraie propriété, n'est plus qu'une grace ; une jouissance indéfinie devient une injustice : les cris des Libraires de Province (*) l'emportent sur l'usage antique & sur la possession qui étoit devenue comme une sorte de loi qui avoit consacré cet usage. Tel étoit l'état de la Librairie au moment où elle se vit en quelque sorte dépouillée d'un droit qu'elle avoit jusqu'alors regardé comme son patrimoine.

Ces nouveaux Réglements exciterent la plus grande commotion. Les Libraires & les Imprimeurs de Paris se voyoient dépossédés d'anciens Privileges qu'ils avoient acquis, ou de leurs propres confreres, ou des Auteurs eux-mêmes, sur la foi des anciens Réglements. La consternation s'empara des esprits ; le Corps de la Librairie se crut entiérement perdu, à l'exception néanmoins de quelques Libraires & Imprimeurs qui n'alimentoient

(*) Ce n'est pas la façon de penser du plus grand nombre.

leurs magasins que des contrefaçons qu'ils envoyoient en Province, ou de celles qu'ils en recevoient : mais les gens sages, ceux qui ont toujours respecté la propriété, ceux qui auroient cru faire un vol en imprimant un livre dont un autre avoit le manuscrit & le Privilege ; les gens honnêtes, les gens de probité, étourdis d'un Réglement aussi inattendu, demeurerent dans un silence de surprise & d'abattement. Revenus bientôt de leur premier étonnement, ils crurent devoir porter les gémissements d'une douleur respectueuse dans le sein même de l'Administration. Les veuves des anciens Libraires donnerent l'exemple ; elles adresserent à M. le Garde des Sceaux de très humbles Représentations. Elles le prioient de considérer que leurs dots étoient passées tout entieres dans les fonds de leur commerce ; qu'elles avoient doté leurs enfants avec ces mêmes fonds ; que les uns & les autres seroient également ruinés, & qu'elles avoient le désespoir d'envisager pour l'avenir une perspective encore plus cruelle : la loi nouvelle leur enlevoit toutes leurs ressources ; elles ne pouvoient désormais, ni aider leurs enfants, ni recevoir d'eux aucuns secours, & leurs magasins devenoient une masse énorme qui acheveroit, par son inutilité, de les écraser dans leur désastre.

Remontrances des Veuves des Libraires. Piece n°. XI.

Cette réclamation des veuves de la Communauté réveilla, pour ainsi dire, le Corps entier : il présenta un Mémoire très circonstancié, dans lequel il réclamoit l'exercice d'une propriété qui avoit été jusqu'alors inconnue, d'une propriété qui ne pouvoit être compromise sans opérer la destruction totale d'un Corps dont les travaux avoient pour but de faire passer à la postérité les connoissances humaines ; propriété enfin qui étoit la base & le fondement de tout le commerce de la Librairie, & que les Législateurs les plus sages avoient consacrée par la possession la plus constante & la plus légitime.

Mémoire pour la Communauté des Libraires & Imprimeurs Jurés de l'Université. Piece n°. XII.

Ce n'étoit pas encore assez de cette réclamation : la Communauté des Libraires & Imprimeurs fait partie du Corps de l'Université. L'Université ne tarda pas à se réunir à la partie de ses membres qui se trouvoit attaquée dans l'exercice de ses droits. Le Recteur présenta un Mémoire au nom de l'Université en corps. En qualité de mere commune des Sciences, & particuliérement du bel Art qui les répand, l'Université fit entendre sa voix ; elle réclama contre la fixation de la durée des Privileges, & contre l'abus des contrefaçons ; elle renouvella toutes les plaintes qui avoient été déja faites pour arrêter un brigandage que la sévérité des loix & la vigilance des Libraires intéressés à le découvrir, n'avoient jamais pu parvenir à réprimer ; elle représenta que les éditions de littérature solide, les ouvrages des anciens Auteurs Grecs & Latins, de nos Maîtres dans l'art d'écrire & de penser, seroient abandonnés ; que les chefs d'œuvre de l'antiquité tomberoient bientôt dans l'oubli : le débit en sera trop lent pour oser entreprendre de les mettre de nouveau en lumiere ; on n'imprimera plus que des brochures éphémeres, des frivolités faites pour amuser plutôt que pour instruire ; le goût des Sciences, l'amour des Lettres, l'état de la Typographie, se perdra peu à peu, & la France verra s'évanouir cette prééminence que ses éditions avoient obtenue sur celles des nations étrangeres.

Memoire de l'Université. Piece n°. XIII.

Ces tentatives des veuves des Libraires, du Corps de la Librairie, de l'Université elle-même demeurerent sans effet. Le Corps de la Librairie voulut faire un nouvel effort ; il crut devoir s'adresser directement au Roi. Il présenta une Requête appuyée de deux Consultations, dans lesquelles on s'est attaché sur-tout à détailler les principes sur la nature de la propriété Littéraire, & sur les effets des Priviléges en Librairie. La propriété de l'Auteur est sacrée & incontestable, & cette vérité est si démontrée qu'elle est même reconnue dans le nouveau Réglement : mais ajoute-t-on, si cette propriété est pleine & entiere dans la main de l'Auteur, elle doit être la même dans la main du Libraire qui acquiert le Manuscrit de l'Auteur ; car si l'Auteur est propriétaire, il a droit de céder sa propriété, & s'il lui est interdit de la transporter, c'est lui interdire le droit de transporter ce qui lui appartient, c'est attaquer sa propriété, c'est la restreindre, c'est l'anéantir.

Requête au Roi. Piece n°. XIV.

A l'égard des effets du Privilege, on les fait envisager sous deux points de vue différents, parce qu'ils ont des motifs & un objet différent. Un Privilege est une permission d'imprimer, & une permission exclusive d'imprimer. La nécessité de la permission est fondée sur l'intérêt public, pour prévenir les abus trop fréquents de la facilité de multiplier un ouvrage souvent dangereux. La permission exclusive est, au contraire, uniquement relative à l'intérêt de celui qui obtient le Privilege. Cette faculté exclusive a pour but d'empêcher un tiers de s'approprier le bien d'autrui par une contrefaçon toujours punissable. Mais quoique le Privilege réunisse en même temps la permission d'imprimer, & la permission exclusive de le faire, cette permission, & cette exclusion de la concurrence sont des accessoires que l'ordre public a dû admettre ; mais ni l'une ni l'autre ne donnent la propriété, elles la supposent au contraire dans la main de celui qui a obtenu le Privilege.

Requête au Roi pour les Veuves des Libraires & Imprimeurs. Piece n°. XV.

Ce nouvel effort de la Librairie se communiqua bientôt à tout le corps : les veuves renouvellerent leurs premieres démarches ; elles se crurent autorisées à présenter de même une requête au Roi, comme ayant un titre spécial à la protection & à la justice de leur Souverain.

Après avoir rappellé les inconvénients des nouveaux Réglements, elles s'attachent sur-tout à prouver que cette concurrence ruineroit tout le commerce de la Librairie, & finiroit par être très préjudiciable au public, parce qu'après avoir fait baisser le prix actuel des livres, elle le feroit ensuite monter à un taux excessif par le défaut de réimpression.

Ces deux requêtes ne paroissent point avoir eu plus de succès que tout ce qui avoit été fait jusqu'alors. Le Corps de la Librairie ne désespéra pas néanmoins de réussir. Pénétré de la justice de sa réclamation, après avoir long-temps opposé une résistance passive à l'exécution des nouveaux Réglements, il se vit obligé de sortir de l'inaction respectueuse dans laquelle il s'étoit renfermé. Les nouveaux tarifs des différents droits qui avoient été annoncés, furent adressés au Corps de la Librairie. Il profita de cette circonstance pour faire de nouvelles instances sur ce premier effet des arrêts du Conseil dont ces tarifs étoient l'exécution. Il adressa à M. le Garde des Sceaux de nouvelles représentations sur les tarifs qui alloient devenir la loi de la Librairie.

Représentations sur les deux Tarifs. Piece n°. XVI.

Ces représentations sont distribuées en deux parties ; dans la premiere, on examine le tarif des droits sur les réceptions ; dans la seconde, on discute le tarif des droits sur les permissions d'imprimer.

A l'égard des droits pour les réceptions, les Libraires, quoique professant un état le plus honnête & le plus distingué dans le Commerce, avouent que la médiocrité de la fortune de la plupart d'entre-eux, ne leur permettoit pas de croire que le prix de chaque réception fût porté à un taux si exorbitant. Le prix de la réception des Libraires & Imprimeurs est plus fort que celui fixé par les lettres-patentes pour le commerce de la Draperie dont l'étendue est immense. Il est encore au-dessus du taux des Epiciers & des Marchands de vins dont le trafic est beaucoup plus lucratif que le commerce de la Librairie. Comment se peut il qu'un apprentif Libraire paie le double de ce que doit payer un Marchand Mercier, & le triple de ce que paient les autres membres des Six-Corps.

Jusqu'à cette époque, le prix des réceptions étoit employé aux frais qu'exigeoit le régime de la Communauté, soit pour les dépenses particulieres, soit pour les dépenses publiques : mais d'après les nouveaux Réglements, l'augmentation des nouveaux droits ne doit pas tourner au profit de la Communauté; cet excédant doit être versé dans la caisse établie par l'article IX de l'arrêt du Conseil concernant les réceptions, & les Syndic & Adjoints qui sont chargés de faire cette perception ne peuvent s'en dessaisir que sur un ordre du chef de la Magistrature. Les Libraires ajoutent qu'ils ne cherchent point à critiquer l'usage qu'on pourra faire de cet excédant; mais ils affirment que l'utilité qu'on espere en retirer ne balancera jamais le préjudice que doit occasionner cette perception.

Le Corps entier y voit avec frayeur la nécessité inévitable de sa dissolution; & cette nécessité devient encore plus effrayante & plus réelle en laissant subsister le tarif pour les permissions d'imprimer, & voici comme on le prouve.

La concurrence est un principe destructif en matiere de Librairie. Elle exista dans l'origine lors de l'invention de l'Imprimerie Cette concurrence a été la source de la ruine des plus fameux Imprimeurs. On se hâta de la limiter : cette limitation excita des clameurs; mais l'expérience a fait proscrire tout-à-fait la concurrence, & c'est depuis cette époque qu'on a vu fleurir la Librairie, sur-tout en France. Le Corps de la Librairie devoit-il craindre qu'en légitimant les contrefaçons déjà faites, on voulût encore établir un nouvel impôt sur les permissions d'imprimer. Cet impôt sera la source des plus grands malheurs. L'Administration n'a pas senti toutes les conséquences du nouveau droit qu'elle ordonne de percevoir: quel est le Libraire qui voudra désormais se charger d'une entreprise considérable, lors qu'on mettra, pour ainsi dire, le travail de l'Imprimeur à contribution; & que pour avoir un bénéfice souvent incertain, on lui fait payer réellement & d'avance une grande partie du bénéfice qu'on suppose qu'il doit réaliser. (Le Ministere cherchoit autrefois à encourager les éditions nombreuses & du plus grand format, & le Roi, pour favoriser la réimpression des grands ouvrages, prenoit d'avance un nombre considérable d'exemplaires dont il assuroit le prix, pour enhardir la confiance & diminuer le risque de l'entreprise). A-t-on fait attention aux avances énormes qu'il faudra faire pour obtenir la permission de réimprimer les livres les plus dispendieux, & d'un débit assuré mais le plus lent.

Pour réimprimer le Journal des Audiences en sept volumes in-folio, il en coûtera d'avance 1680 livres; pour l'Histoire Ecclésiastique de M. de Fleury il faudra payer 4440 livres; pour l'Histoire de France de Daniel 2040 livres; pour le Dictionnaire des Arrêts 1800 livres; que deviendra l'Imprimerie avec un impôt si onéreux, puisqu'il se préleve avant même que l'ouvrage puisse se débiter?

Les Libraires finissent enfin par examiner l'objet & l'emploi de cet impôt. L'objet est d'obliger de faire usage des permissions; l'emploi est de payer les Inspecteurs de la Librairie. Cet objet & cet emploi deviennent inutiles, puisque les contrefaçons se multiplient à un tel point qu'on n'en fait plus un mystere; & quoiqu'il ait été défendu de faire circuler aucune Encyclopédie, personne n'ignore qu'on fait publiquement à Lyon une nouvelle édition de ce livre proscrit dans tout le royaume.

Ces réprésentations ont encore été inutiles; on a pressé de nouveau l'exécution des Réglements, & chaque jour éclairoit une nouvelle atteinte au Commerce qui languit, & deviendra un abîme de malheurs pour tous ceux qui chercheront désormais à l'entreprendre.

Pressé de tous les côtés, & par son intérêt personnel, & par l'exécution des nouveaux Réglements, le Corps de la Librairie chercha encore à se dégager du poids des nouvelles entraves auxquelles on vouloit l'assujettir. La Communauté s'assembla le 19 Janvier de la présente année. Le Syndic rendit compte à cette assemblée des démarches qu'il avoit faites; il déclara que la Députation avoit porté à M. le Garde des Sceaux les représentations de la Communauté; qu'il n'en avoit pas de réponse; mais en même-temps il fit connoître à l'assemblée que le Bureau étant allé rendre ses devoirs à M. le Garde des Sceaux, à l'occasion de la nouvelle année, il leur avoit dit qu'il avoit lu les représentations de la Communauté, & qu'il voyoit bien qu'il y avoit quelque changement à faire aux tarifs. Après cet exposé, le Syndic proposa de profiter des bonnes intentions de M. le Garde des Sceaux, & d'empêcher que le silence de la Communauté ne pût donner lieu de penser que quelques réformations dans les tarifs étoient seulement l'objet de leurs demandes.

Délibération de la Communauté. Piece n°. XVII.

D'après cet exposé, il fit la lecture d'un Mémoire sur cet objet, & le Mémoire ayant été approuvé, il fut résolu qu'il seroit signé par tous les Membres de la Communauté, & présenté à M. le Garde des Sceaux.

Résultat des Représentations Piece n°. XVIII.

Ce Mémoire est le résultat des représentations qui avoient été faites, l'original en a été déposé dans la Chambre Syndicale, & le double en a été présenté à M. le Garde des Sceaux au commencement du mois de Février dernier.

On y établit que la propriété d'un ouvrage est la même, soit qu'il se trouve dans les mains de l'Auteur, soit qu'il soit passé dans celles du Libraire ou de l'Imprimeur; que la permission d'imprimer ne crée point la propriété, qu'elle la suppose, & que le Privilege n'est que la sauve-garde de la propriété; qu'il est vrai que ce principe avoit souffert quelque atteinte, mais que la vérité fut bientôt reconnue, & qu'elle triompha d'une opinion passagere fondée sur la liberté publique qu'on cherchoit à faire prévaloir sur le droit réel de la propriété; que les désordres de la concurrence la firent proscrire à perpétuité pour tout ce qui s'appelle les livres dont les Auteurs sont connus, & par conséquent propriétaires de leurs ouvrages.

ouvrages. C'est sur ce principe, que la Librairie a élevé les fondements de son état ; c'est d'après cette propriété, que les Libraires ont acquis, vendu, échangé, partagé, donné en dot, non seulement les livres qu'ils avoient dans leurs magasins, mais encore les manuscrits, les Privileges, les portions de Privileges dont ils étoient propriétaires.

Les nouveaux Réglements les dépouillent de cette partie de leur patrimoine la plus précieuse ; les traités qu'ils ont faits avec les Auteurs ou avec leurs confreres, deviennent incertains ; les partages faits dans leurs familles sont illusoires ; les dots n'ont plus d'hypotheque ; le Commerce de la Capitale va s'anéantir ; l'état de la Librairie est détruit : comment traiter avec un Auteur ? sa propriété est tellement restreinte, qu'il ne peut en disposer sans s'exposer à la perdre, & la propriété du Libraire s'évanouir, puisque le Réglement a une force rétroactive qui exproprie chaque Libraire ou Imprimeur d'un droit qu'il avoit recueilli dans l'héritage de ses peres, ou d'un droit qu'il avoit lui-même acquis des fonds de son commerce.

Après avoir traité la question de propriété, les Libraires discutent l'impôt sur la permission d'imprimer. C'est, disent-ils, un des plus ruineux qu'on ait pu imaginer, & cette somme qu'on oblige l'Imprimeur d'avancer est seul capable d'opérer le découragement, & de laisser les presses dans l'inertie. Ils envisagent l'impôt sous deux faces, en lui-même, & eu égard à son emploi.

Quant au premier objet, l'impôt en lui-même : le but de cet impôt est d'obliger à faire usage des permissions. Mais quel intérêt si grand le Public a-t-il sur l'usage des Permissions, pour qu'on soit forcé d'établir un impôt sur toute une Communauté, impôt dont le poids ne peut que produire le non usage qu'on cherche à prévenir.

A l'égard de l'emploi, il est destiné à gratifier les Inspecteurs & d'autres personnes destinées à la manutention de la Librairie. Mais, disent les Libraires, les contrefaçons n'ont jamais été plus fréquentes que depuis qu'il y a des Inspecteurs. Et enfin, Messieurs, nous trouvons que dans le compte très abrégé qui vous a été déjà rendu de ce résultat du Mémoire par un de Messieurs, il se demande à lui-même, avec cette force qui lui est personnelle, & cette noble liberté qui caractérise le Magistrat,

Pourquoi les fonctions, appointements, les noms mêmes des préposés à la Librairie ne sont pas rendus publics.

Pourquoi le produit des droits destinés à la caisse établie par l'article IX de l'arrêt du Conseil sur la durée des Privileges n'est pas connu.

Pourquoi le rapport de la recette à l'emploi n'est pas nettement, hautement & solemnellement déterminé ?

Pourquoi cette imposition considérable sur la Permission n'est pas créée par une Loi ?

Enfin pourquoi du moins l'augmentation des droits de réception n'est-elle pas arrêtée au Conseil en présence du Roi, comme en 1723.

Reste ce qui concerne les contrefaçons. Les Libraires observent de nouveau que les contrefaçons, reconnues & déclarées destructives du Commerce & contraires à la bonne foi, se trouvent néanmoins légitimées au préjudice des propriétaires non-seulement du manuscrit, mais du Privilege exclusif que ces propriétaires avoient obtenu ;

Que la formalité de l'estampille & de la signature de l'Inspecteur est absolument illusoire, parce que le Contrefacteur, en réimprimant le feuillet estampillé, vendra la contrefaçon elle-même pour l'édition originale.

Que les saisies autorisées par le nouveau Réglement devenant imprudentes ou impossibles par la crainte des dommages-intérêts, même à la vue d'autres ouvrages contrefaits, mais qui n'auront pas été indiqués, c'est assurer l'impunité de tous ceux qui voudront se livrer aux contrefaçons.

Qu'ils osent dire que l'indulgence du Roi a excédé son pouvoir, puisque le Roi ne peut faire remise des droits d'autrui ; & enfin que cette indulgence, loin d'être un gage de la circonspection des Contrefacteurs, encouragera la fraude pour l'avenir : l'espérance d'obtenir un pareil traitement sera un motif de plus, puisqu'il ne s'agira que de multiplier les contrefaçons à un degré suffisant pour démontrer qu'il y va de la totalité de la fortune de ceux qui n'auront pas craint de s'exposer à la rigueur des peines avec l'espoir d'en obtenir la rémission.

Jusqu'à présent, Messieurs, nous nous sommes occupés du compte que la Cour nous a chargés de lui rendre, & nous avons suivi les pieces qu'elle nous a fait remettre dans l'ordre même où elles nous ont été remises. Il n'a été question que de l'intérêt du Corps de la Librairie en général, & relativement aux plaintes que tous les membres peuvent former entre eux. Le compte qui nous reste à mettre sous vos yeux, dans cette seconde partie, est personnel à quelques particuliers, & relatif aux contestations qui se sont élevées dans le Corps, soit entre les Libraires & les Imprimeurs, sous cette qualité, soit entre les Libraires & les Auteurs, &, enfin, a trait aux jugements qui ont été rendus dans les Tribunaux depuis les nouveaux Réglements.

Pour faire connoître plus particuliérement à la Cour les effets immédiats de ces nouveaux Réglements sur l'état de la Librairie, on lui a rendu compte du Mémoire d'un Libraire de cette Capitale, le sieur le Clerc. Ce Mémoire a été présenté au Directeur de la Librairie, & au sieur Lieutenant-Général de Police, & il en a été délivré une copie au Syndic de la Librairie. L'Auteur a adressé ce triste monument de sa ruine à celui de Messieurs qui a fait le récit qui donne lieu à cette Assemblée. Ce Mémoire a été remis sur le Bureau, & nous sommes dans le cas de vous en rendre compte.

Mémoire de le Clerc. Piece n°. XIX.

L'Auteur expose qu'il ne possede le droit d'imprimer aucun livre en tout ou en partie, que par acquisition : la source de sa propriété est l'acquisition qu'il a faite du fonds de son pere, par acte passé devant Notaires, & il a remis à sa sœur la moitié du prix de ce fonds qui étoit commun entre eux.

L'Auteur entre ensuite dans le détail des différents articles dont il est devenu propriétaire, soit comme héritier de son pere, soit comme Auteur, soit comme ayant acquis d'autres propriétaires. Il paroît qu'il a fait l'acquisition de 56 ouvrages différents, entre autres de Racine, de Moliere, de Regnard & de la Chaussée.

Après cet exposé, l'Auteur termine son Mémoire par le tableau vraiment pathétique de sa position.

» J'ai cinquante quatre ans ; je fais vivre ma femme & cinq enfants,
» reste de quatorze. La dépense nécessaire de ma maison m'empêche
» d'augmenter mon patrimoine, quoique je ne donne aucun temps à l'a-
» musement. Malgré mon peu de fortune, l'estime de mes confreres m'a
» fait remplir toutes les places où un homme de mon état peut parvenir ;

» j'ose même dire que je m'y suis rendu utile. S'il falloit que je perdisse » mon fonds de Librairie, la seule chose que je possede au monde, je re» garderois comme un bienfait la mort d'un sixieme enfant que j'ai perdu » depuis la publication des arrêts du 30 Août dernier. Je ne desirerois pas » la mort des autres, mais je verrois venir la mienne avec indifférence, » pour n'être pas témoin de la misere qui les attend.

» La Justice & la bonté du Roi me rassurent; il ne me verra pas priver » d'une propriété que je lui fais connoître, & que j'ai acquise sur la foi des » loix qui ont été en vigueur jusqu'ici; il me la conservera au contraire à » perpétuité, comme il conserve celle des Auteurs qu'il connoît, sauf à » me conformer, dans mes acquisitions futures, aux nouveaux arrêts, » s'ils ne sont pas révoqués ».

Tel est, Messieurs, le langage de ce pere infortuné. Nous avons une connoissance personnelle de ses talents, de son mérite & de sa probité; nous n'hésitons point à lui rendre la justice qui lui est due: il s'est rendu utile au public par ses travaux particuliers, & par les notes & les augmentations qu'il a faites à plusieurs éditions. Nous ne doutons pas que dans le tableau particulier qu'il donne de son fonds de Librairie, il n'ait donné un tableau général du commerce de la Librairie; mais ce qui doit sur-tout effrayer, c'est qu'il n'est pas le seul dont les craintes aient répandu l'amertume sur le reste de la vie.

En effet, vous n'avez encore vu qu'une partie des malheurs qui vont accabler le Corps de la Librairie. Les Imprimeurs & les Libraires se regardoient comme propriétaires des ouvrages qu'ils avoient acquis; dépouillés de cette propriété par le Réglement nouveau, ils sont contraints à l'exécution des traités qu'ils ont faits, par les jugements des Tribunaux. En voici un exemple bien frappant.

Un sieur Paucton est Auteur d'un ouvrage intitulé: *Métrologie, ou Traité des Mesures, Poids & Monnoies de l'antiquité & d'aujourd'hui;* il avoit vendu son manuscrit à la veuve Desaint par un acte antérieur de près d'un mois, nous ne dirons point à la date du Réglement, à la publication de l'arrêt du Conseil du 30 Août dernier: le marché est du 13 Septembre; le Réglement a été envoyé à la Chambre Syndicale le 23 Octobre. La veuve Desaint voit que cette propriété qu'elle avoit cru acquérir à toujours, est réduite, par le seul fait de la cession, à la vie de l'Auteur, ou à dix années, s'il vient à décéder avant l'expiration du Privilege qu'elle obtiendra. La veuve Desaint refuse d'imprimer l'ouvrage en un volume *in*-4. comme elle en étoit convenue. Elle est assignée au Châtelet; elle demande le rapport de la Permission d'imprimer. La sentence condamne le sieur Paucton à rapporter cette Permission. Il satisfait à la sentence interlocutoire; il rapporte une Permission, & cette Permission portoit que si le sieur Paucton la cédoit, alors par le seul fait de la cession, la durée du Privilege seroit réduite à celle de la vie de l'Auteur, ou de dix années. La veuve Desaint n'a pas cru devoir se contenter de cette simple Permission, parcequ'elle étoit limitée; elle a persisté dans le refus d'imprimer: & sur cette défense respective, le Châtelet a ordonné que le traité seroit exécuté; &, sans s'arrêter aux clauses & conditions insérées aux Lettres de Privilege obtenues par le sieur Paucton, on a maintenu la veuve Desaint dans la propriété pleine & incommutable de l'ouvrage, & du droit exclusif de le faire imprimer & de le vendre par elle, ses hoirs & ayants cause, con-

Mémoires imprimés. Pieces n°. XX & XXI.

formément au traité fait double entre les Parties.

Arrêt. Piece n°. XXII. Le sieur Pauckon a interjetté appel de cette Sentence ; & par arrêt contradictoire du 10 Février de la présente année, elle a été confirmée.

Voilà donc une premiere décision contraire à la regle que l'on veut introduire. Mais cette contestation n'est pas la seule. Le sieur Pillot Libraire, est en procès avec le sieur Boucher, aussi Libraire, & beau frere de la dame Pillot. Le sieur Boucher, sous prétexte des nouveaux Réglements, refuse au sieur Pillot le paiement d'une somme de 5000 livres, prix convenu pour la cession faite par le sieur Pillot de plusieurs livres & parts de Privileges dépendants de la dot de la dame Pillot. Cette contestation est encore indécise ; mais quelle en sera l'issue ?

Mémoire imprimé. Piece n°. XXIII.

Le sieur Debure fait de même difficulté de payer des rentes qu'il a constituées en paiement de Privileges à lui cédés, soit par des Auteurs, soit par des Libraires. Le sort de cette contestation peut il être équivoque d'après l'arrêt de la Cour du 10 Février dernier ? si l'exécution des traités est ordonnée, l'acquéreur est certainement lésé, parcequ'il a voulu acquérir une propriété incommutable ? Si le Réglement pouvoit prévaloir, un acte de bonne foi, un acte de vente fait d'après l'usage constant, seroit anéanti : un Réglement que la Cour ne connoît pas l'emporteroit sur des loix enregistrées. Et dans le cas où la Cour ordonneroit l'exécution des traités, cette exécution devient impossible par la seule existence des nouveaux Réglements. Quelle contradiction dans le commerce ! D'un côté les nouvelles permissions priveront, par le fait, l'acquéreur de la propriété de la chose vendue ; d'un autre côté, les Magistrats feront payer au vendeur le prix de la propriété dont il est dépouillé : quelle affreuse perspective pour le Corps de la Librairie ! Il n'osera ni entreprendre une nouvelle édition, ni acquérir un ouvrage nouveau, ni s'opposer aux contrefaçons. Chaque membre craindra de continuer son état, ou de l'abandonner, & l'art de la typographie retombera dans cet état de léthargie dont il avoit été tiré sous le regne de Louis XIV, qui, en faisant la loi à toutes les Nations, avoit également fixé dans la France les Sciences, les Lettres & les Arts, qui s'établissent par-tout où la gloire leur annonce des succès & leur promet de nouveaux triomphes.

Nous terminerons ici la seconde Partie du Compte que la Cour attend de notre ministere.

Nous vous avons fait voir, dans la premiere, la nature & les effets des arrêts du 30 Août 1777. Vous y avez vu la propriété attaquée par l'effet rétroactif des nouveaux Réglements ; un impôt établi sans Lettres Patentes ; des tarifs qui ne paroissent point émanés de la puissance royale ; une caisse sans comptabilité, & des Préposés inconnus revêtus de l'autorité.

Nous vous avons fait voir dans la seconde les réclamations multipliées du corps de la Librairie, les principes qu'il invoque, la possession qu'il réclame, enfin l'état d'anéantissement où il se trouveroit si les nouveaux Réglements pouvoient subsister.

Il ne nous reste plus, pour remplir la mission que la Cour nous a donnée, que de lui rendre compte de tous les Réglements intervenus sur le fait de la Librairie depuis l'époque de son invention jusqu'à nos jours. Ce détail est on ne peut pas plus étendu ; & pour nous mettre à portée de terminer peut-être dans une même séance, nous supplions la Cour de continuer à la huitaine.

TROISIEME PARTIE.

Anciens Réglemens intervenus sur la Librairie.

(Séance du 27 Août 1779.)

PAR son arrêté du 23 Avril dernier, la Cour a ordonné qu'il nous seroit remis, premiérement, le récit fait par un de Messieurs; secondement, les pieces annexées à ce récit, pour lui en rendre compte, ensemble des Réglemens antérieurs au sujet de la Librairie.

Nous avons eu l'honneur, dans la derniere Assemblée, de satisfaire, autant qu'il a été en nous, aux intentions de la Cour. Le compte que nous avons rendu embrassoit tout-à-la-fois, & ce qui résultoit du récit, & ce qui résultoit des pieces jointes à ce récit; il ne nous reste plus qu'à mettre sous les yeux de la Cour un tableau fidele de tous les Réglemens intervenus sur la matiere.

Nous le répéterons encore en ce moment; nous ne nous flattons point d'avoir réuni toutes les loix, toutes les décisions, tous les jugemens rendus suivant les circonstances, & peut-être faits pour l'instant, lors actuel: ce travail eût été immense sans doute, infructueux peut-être, même impossible: comment en effet rassembler tous les Réglemens rendus dans des temps éloignés &, pour ainsi dire, inconnus? Mais au moins pouvons-nous assurer que nous avons recueilli toutes les Ordonnances & les loix générales que la sagesse de nos Rois a fait publier, & la majeure partie des Réglemens généraux & particuliers que les contestations particulieres ont fait naître, & c'est sans doute tout ce que la Cour peut attendre de notre ministere.

Avant d'entrer dans le détail de tous ces Réglemens, nous ne pouvons nous dispenser de présenter ici quelques notions préliminaires pour servir d'introduction à la matiere qui nous occupe. Ce sera, pour ainsi dire, la partie historique de notre travail.

Dans les premiers siecles du monde, l'homme s'est contenté de l'usage de la parole, & pour transmettre ses idées, il n'avoit imaginé d'autre secret que de dessiner l'image des choses dont il vouloit parler. La premiere écriture a donc été une représentation, sans doute très-informe, des objets de la nature. C'étoit un premier pas nécessaire à l'instruction des siecles à venir. La nécessité, mere de l'industrie, a imaginé depuis une sorte d'écriture représentative des sons; c'étoit un Art nouveau, & c'est à cet Art que nous devons les connoissances de la plus haute antiquité; delà les progrès de la raison humaine; delà l'établissement de tous les Arts, la perfection de toutes les Sciences.

Un génie heureux sentit que le discours, quelque varié qu'il fut, quelqu'étendu qu'il put être par les idées, n'étoit pourtant composé que d'un certain nombre de sons, & qu'il étoit possible de leur assigner à chacun un caractere représentatif. Il abandonna l'écriture représentative des êtres vivans & des choses inanimées, pour s'en tenir à la combinaison des sons. Le même génie qui avoit apperçu que les sons du langage pouvoient se décomposer, en eut bientôt fait l'énumération. La combinaiſon étoit la conſéquence de la découverte. La premiere étoit un coup de génie ; la ſeconde fut un ſimple calcul, un effet de l'attention.

Delà, Meſſieurs, la naiſſance de l'écriture. Heureuſe invention qui, en fixant le ſon de la voix, exprime toutes les penſées, peint tous les objets ! On parle aux yeux, & la parole prend une véritable conſiſtance ; elle paſſe à la poſtérité la plus reculée. Les caracteres repréſentatifs des ſons une fois déterminés, les progrès de l'écriture devinrent on ne peut pas plus rapides.

Toutes les Nations ont eu ſucceſſivement leurs Ecrivains, c'eſt-à-dire, des gens qui ſe ſont conſacrés à recueillir les faits, à conſerver ou à étendre les découvertes qui ſe faiſoient dans chaque ſcience. En travaillant pour leurs Contemporains, ils travailloient pour les ſiecles à venir. C'eſt aux veilles de ces Citoyens, auſſi éclairés que laborieux, que nous devons l'éclat & la perfection des Arts & des Sciences dans tous les genres.

Depuis l'invention de l'écriture il a dû exiſter de même, chez tous les Peuples, des hommes qui ſe ſont fait un état de multiplier les productions du génie.

Les Romains en connoiſſoient deux eſpeces, les uns s'appelloient *Librarii*, les autres *Bibliopoli*. Les *Libraires* étoient ceux qui écrivoient pour le Public, & que nous appellons aujourd'hui *Ecrivains*. Les *Bibliopoles* tenoient magaſin des Manuſcrits qu'ils avoient copié ou fait copier, & ils les vendoient au Public. C'eſt ce que nous appellons aujourd'hui des *Libraires*.

A l'exemple des Romains, nous avons eu en France des hommes qui ſe ſont dévoués à copier & débiter les différentes productions des Auteurs, ſoit de l'antiquité, ſoit du ſiecle dans lequel ils ont vécu : ils formoient, dans les temps les plus reculés, une Communauté ou Corps compoſé de gens dont les fonctions étoient différentes. Il réuniſſoit les Ecrivains, les Parcheminiers, les Relieurs, les Enlumineurs & les Libraires.

Le Parcheminier préparoit les peaux ſur leſquelles on écrivoit, l'Ecrivain qu'on appelloit ſtationnaire, parce qu'il étoit comme en ſtation dans des endroits fixes, copioit ſur les peaux l'ouvrage que le Libraire fourniſſoit. Le Relieur mettoit en volumes les feuilles copiées ; l'Enlumineur peignoit, relevoit d'or bruni, en un mot, décoroit le volume, qui retournoit alors chez le Libraire pour être vendu au Public.

Ce Corps a toujours été dépendant de l'Univerſité, & on les appelloit les Libraires jurés de l'Univerſité, parce qu'ils prêtoient ſerment entre les mains du Recteur.

Il paroît que l'Empereur Charlemagne, qui s'occupa principalement du progrès des Sciences & de la renaiſſance des Lettres, fut le premier qui aſſocia la Librairie à l'Univerſité. Il accorda à la Librairie les mêmes prérogatives, & depuis ce temps elle a joui des mêmes priviléges.

Tel étoit l'état de la Librairie lorſque Charles VII parvint au Trône en 1422 ; l'Imprimerie n'exiſtoit point encore. La naiſſance de cet Art heureux, qui multiplie avec tant de facilité ce qui coutoit tant de soins, & employoit tant de temps à copier, vint donner une nouvelle existence à la Librairie. Ce fut vers le milieu du quinzieme siecle qu'on fit une découverte si précieuse, à peu-près dans le même-temps où l'impression de la gravure sur cuivre fut connue. Les Romains n'avoient qu'un pas à faire pour en obtenir la gloire; ils avoient connu l'art de graver sur bois; & s'ils avoient su tirer des épreuves de leurs planches, il est vraisemblable qu'ils auroient transporté cette invention à l'impression des Livres.

L'invention de l'Imprimerie, sur l'époque de laquelle les Savans sont divisés de quelques années, est due à un sieur Guttemberg, issu d'une famille patricienne de la Ville de Mayence. Guttemberg, peu de temps après cette époque, s'associa avec Faust de Mayence; mais l'un & l'autre n'avoient imprimé qu'avec des lettres sculptées en relief sur bois; & dans ces commencemens, l'impression étoit encore brute & imparfaite.

Une premiere idée en amene une autre, & souvent le génie, quoique créateur, semble n'avoir pas assez de force pour porter sa découverte à sa perfection. Telle est la preuve de la foiblesse humaine. Les choses les plus utiles ne se perfectionnent que par degrés. Guttemberg a eu sans doute tout le mérite de l'invention, il s'étoit associé avec Faust de Mayence. L'Eleve ou l'apprentif de Faust porta au dernier degré l'invention de Guttemberg : cet Eleve trouva le secret d'imprimer avec des lettres mobiles de fonte.

Voilà, Messieurs, ce qui constitue essentiellement l'origine de cet Art admirable. Faust, associé de Guttemberg, reconnut combien cette nouvelle invention étoit précieuse, pour ne pas laisser sortir ce secret de sa famille. Il fit son gendre de son apprentif; Pierre Schoeffer devint l'associé de Faust, & Guttemberg fut chargé de la Société.

C'est ainsi que l'Art s'est perfectionné; d'abord on s'est servi de tables gravées sur bois; mais la même planche ne pouvoit être employée que pour imprimer une même page; & si l'on pouvoit multiplier les Copies, le temps qu'il falloit donner à sculpter & à graver chaque planche, causoit un retard immense. Les lettres mobiles de fonte sont par conséquent la seule base de l'Imprimerie. C'est ainsi qu'on est parvenu par le secours de l'impression, non-seulement à multiplier rapidement les connoissances, mais encore à fixer & à transmettre la pensée des hommes. Tous les autres Arts qui servent à perpétuer nos idées, périssent sous les coups du temps. Les statues tombent en poussiere, les édifices durent moins que les statues, les couleurs périssent encore plutôt que les édifices. L'art de la Typographie donne un avantage inappréciable aux Ouvrages des Auteurs sur ceux des plus célebres Artistes : on peut multiplier leurs Ecrits, en tirer, en renouveller les exemplaires, sans que la Copie cede en valeur aux Originaux. L'Imprimerie fera passer leurs noms & les fruits de leurs travaux jusqu'à la fin des siecles, & les chef-d'œuvres de l'Antiquité, après nous avoir servi de modeles, nous devront eux-mêmes leur immortalité.

Personne n'ignore comment l'Art de l'Imprimerie, concentré dans une seule famille, se répandit dans toute l'Europe. Le secret de l'invention fut dispersé par l'effet de la révolution qu'éprouva la Ville de Mayence en 1462. Adolphe, Comte de Nassau, surprit cette Ville Impériale, & lui ôta tous ses priviléges. Les Ouvriers de Faust & de Schoeffer prirent la fuite, se disperserent & porterent leur Art dans les lieux & dans les pays où il étoit inconnu.

On vit aussi-tôt s'élever des Imprimeries chez presque toutes les Nations. La France ne fut pas la derniere à profiter de cette découverte, elle y fit des progrès rapides; mais cet Art n'en fut pas moins regardé dans les commencemens, comme tenant du prodige & même du sortilege.

Un Imprimeur Allemand envoya à Paris, à-peu-près en 1470, différens exemplaires de la Bible. Ses Facteurs auroient pu les vendre au moins cent écus, ils les donnerent pour soixante; ce bon marché surprit. Les Acheteurs ne se lassoient point d'admirer la parfaite conformité des exemplaires; ils furent encore plus étonnés quand ils virent diminuer le prix de chaque exemplaire jusqu'à trente écus, & ne pouvant en démêler la cause, ils prétendirent qu'il y avoit de la magie; ils apprirent enfin que la Bible n'étoit point écrite, mais imprimée sans aucun sortilege & à peu de frais. Alors ils se pourvurent en Justice, mais la Cour mit au néant toutes leurs demandes, & ils furent condamnés à payer le prix de leur acquisition.

Vous venez de voir, Messieurs, le commencement, les progrès & le parfait établissement de l'Art de l'Imprimerie : voyons à présent les réglemens que cette invention nouvelle a nécessité.

Avant l'invention de l'Imprimerie, on ne pouvoit se procurer des copies des Ouvrages que par la voie des Ecrivains appellés Stationnaires. Il existe encore un Réglement de l'année 1323 à ce sujet. L'Université, dont les Libraires-Jurés faisoient partie, ordonna qu'un Stationnaire ne pourroit refuser l'Exemplaire d'un Ouvrage, même à celui qui voudroit en faire un autre Exemplaire. « *Item nullus Stationarius denegabit Exemplaria, etiam volenti per illud aliud Exemplar facere* ».

Ce Statut prouve, que même dès le quatorzieme siecle, la liberté de répandre des copies d'un Ouvrage quelconque étoit indéfinie. Les Libraires-Jurés, propriétaires des Manuscrits, les vendoient plus ou moins, suivant l'importance de l'Ouvrage, & lorsqu'ils se désaisissoient de l'Ouvrage, ils en tiroient un prix bien plus considérable; ils garantissoient même qu'il n'en avoit point été tiré de copies. Il paroît, par un Contrat passé en 1332 par-devant Notaires, que Geoffroy de Saint-Léger, l'un des Clercs-Libraires de l'Université, confesse avoir vendu & transporté, sous l'hypothéque de tous ses biens, & garantie de son corps même, un Livre intitulé : *Speculum Historiale in consuetudines Parisienses*, divisé & relié en quatre tomes, couvert de cuir rouge, à noble homme, Messire Gerard de Montagu, Avocat du Roi au Parlement, moyennant la somme de 40 liv. *parisis* dont ledit Libraire se tient pour content & bien payé. C'est ainsi que se faisoit le commerce. Les Libraires faisoient transcrire les manuscrits, ils en apportoient la copie aux Députés des Facultés des sciences dont l'Ouvrage traitoit, pour les revoir & approuver, avant de les exposer en vente, & de les afficher.

La presse jouit du même avantage d'une liberté sans entraves. Chaque

Imprimeur mit au jour les Livres dont il crut tirer plus de bénéfice : on commença par imprimer les Livres Saints; bientôt après on imprima les Peres de l'Église; enfin on s'attacha sur-tout aux plus fameux Auteurs de l'antiquité. La Religion & les Sciences en retirerent un égal profit. On réunit à l'Université les nouveaux Imprimeurs. Charles VIII, en 1488, confirma leurs priviléges. Le Peuple avoit regardé les Exemplaires imprimés de la Bible comme tenant du sortilége; Louis XII au contraire envisagea l'Imprimerie comme une invention divine. Dans la Déclaration donnée à Blois, le 3 Avril 1513, il s'explique ainsi : « Voulant, notredite fille, » l'Université de Paris, & suppots d'icelle, mesmement lesdits Libraires, » Relieurs, Enlumineurs & Ecrivains, qui sont les vrais Suppots & Offi- » ciers élus par tout le corps de l'Université, être maintenus en leurs » libertés, priviléges, franchises, exemptions & immunités..... pour » la considération du grand bien qui est advenu en notre Royaume, » au moyen de l'Art & Science de l'impression, l'invention de laquelle » semble être plus divine que humaine, laquelle, grace à Dieu, a été » inventée & trouvée de notre temps, par le moyen & industrie desdits » Libraires, par laquelle notre sainte Foi Catholique a été grandement » augmentée & corroborée, Justice mieux entendue & administrée, & » le divin Service plus honorablement & curieusement fait, dit & célé- » bré; au moyen de quoi, tant de bonnes & salutaires doctrines ont été » manifestées, communiquées & publiées à tous chacun, pour ces causes » & autres, &c. ».

Il est difficile de faire un éloge plus détaillé de l'Imprimerie. Tous les Rois, successeurs de Louis XII, ont pensé de même, & ont maintenu les Libraires & Imprimeurs dans les priviléges & immunités qui leur avoient été accordées dans l'origine.

Philippe VI, ou Philippe de Valois, par ses Ordonnances du 31 Décembre 1340 & 22 Mai 1345; Charles V, par son Ordonnance du 18 Mars 1366; Charles VI, par la sienne de 1383, avoient confirmé les priviléges de l'Université & des Libraires-Jurés qui en avoient fait partie; depuis l'invention de l'Imprimerie, sous Charles VII, la même faveur produisit le même effet. Charles VIII, en 1494, & Louis XII, en 1513, avoient renouvellé leurs immunités & prérogatives. Les Rois de France, depuis cette époque, ont toujours accordé la même faveur à un Art aussi noble que nécessaire.

En voilà assez sur la protection que méritoit une profession aussi utile. Ces graces, ces exemptions, avoient pour but d'encourager, d'étendre, de perfectionner l'Art de la Typographie. Voyons ce qui a été fait pour la police particuliere à laquelle ce Corps devoit être assujetti. C'est dans ce Code particulier à la Librairie que nous devons chercher l'origine des priviléges ou permissions que les Libraires & Imprimeurs actuels sont obligés d'obtenir de l'autorité Royale.

Nous partagerons le détail des réglemens où nous allons entrer, en trois époques.

La premiere comprendra tout ce qui s'est passé depuis l'origine de l'Imprimerie jusques vers la fin du regne de Henri II.

La seconde embrassera les réglemens intervenus jusqu'aux Statuts de 1618, sous Louis XIII.

Et la troisieme comprendra l'exécution de cette Loi nouvelle, & la maniére dont elle a été modifiée, jusqu'au moment actuel.

PREMIERE ÉPOQUE.

Les premiers essais de l'Imprimerie se firent d'abord sur les Livres Saints, sur les Peres de l'Eglise; enfin sur les Auteurs les plus estimés de la Grece & de Rome. Les presses étoient uniquement occupées de ces manuscrits précieux, qui se trouvoient entre les mains de différentes personnes. Nous pourrions rapporter le Catalogue des Ouvrages anciens sur lesquels l'Imprimerie s'est d'abord exercée. Il étoit naturel que le même Ouvrage s'imprimât en même-temps en différens lieux. Mais l'avidité de se procurer les nouveaux Livres imprimés, empêcha alors la concurrence de causer aucun préjudice, & jusqu'à la fin du quinzieme siecle, le nombre des presses n'étoit pas assez considérable pour que cette concurrence devînt préjudiciable au nouveau commerce. Cependant les Imprimeries se multiplioient. Les Imprimeurs se rencontrerent dans le choix des Ouvrages. La contrefaçon prit naissance, pour ainsi dire, avec l'Art lui-même. La concurrence des Editions, en multipliant les Exemplaires, en fit tomber le débit. Les plus fameux Imprimeurs se virent sur le point d'être accablés; plusieurs furent ruinés; & l'on n'osoit plus, au commencement du seizieme siecle, former une entreprise qui demandât des avances considérables.

Ce premier inconvénient exigeoit un prompt remede, & pour prévenir l'anéantissement de la Librairie, on fut obligé d'avoir recours à l'autorité Royale; on demanda au Souverain le privilege d'imprimer tel ou tel ouvrage, & la défense à tous autres de l'imprimer.

Ce fut le savant Erasme, qui paroît avoir le premier imaginé ce recours au Prince. Il en donna l'idée en faveur de Jean Froben dans une lettre datée de Bâle le 28 Janvier 1522, adressée à Bilibardus Pirckheymer.

« A peine, dit-il, sort il un ouvrage nouveau de l'Imprimerie de » Froben, si le débit en paroît certain, celui-ci & celui-là s'empare » d'un exemplaire, on contrefait l'édition & on le donne à plus bas prix. » Cependant Froben avance ses fonds & il se ruine. On préviendroit » ce malheur si l'Empereur vouloit défendre de réimprimer ce qui a » déja été imprimé par Froben, & le défendre pendant deux années. Ce » terme est court, mais l'Imprimerie de Froben est digne de cette fa- » veur : il n'en sort rien de mauvais ou de séditieux ».

Vous voyez par cet extrait de la lettre d'Erasme que dans ces premiers temps on ne demandoit au Souverain que la défense de réimprimer ce qu'un autre avoit déja imprimé; car, comme nous l'avons dit, l'impression étoit entiérement libre.

Cette idée du savant Erasme fut adoptée, aussi voit-on que lorsqu'il s'agissoit d'un ouvrage dont l'impression exigeoit de grosses avances on s'adressoit à tous les Souverains. Il existe encore des livres anciens où l'on trouve des priviléges du Pape, de l'Empereur, du Roi de France, du Roi d'Espagne, & des autres Princes de l'Europe.

Ces priviléges étoient limités, & devoient l'être, parce qu'ils donnoient à un seul le droit d'imprimer un manuscrit qui étoit entre les mains de tout le monde. Cette dérogation au droit commun devoit avoir un terme, & ce terme expiré, tout Imprimeur pouvoit mettre au jour l'ouvrage comme avant le privilége.

En France les Libraires prirent le parti de s'adresser au Roi ou à la Cour, & nous en trouvons un très-grand nombre d'exemples.

Pierre Viard, Libraire, demanda par Requête, *qu'il lui fût permis d'imprimer la nouvelle addition & ampliation de l'histoire de Gaguin, & défenses à tous autres pendant le temps qu'il plairoit à la Cour, afin qu'il pût recouvrer ses frais & mises.*

Arrêt du 22 Mai 1521 qui lui *permet d'imprimer ou faire imprimer ladite histoire de Gaguin avec ladite nouvelle addition, & fait défenses à tous autres Libraires d'imprimer ledit livre jusqu'à deux ans après, en suivant la perfection de ladite impression, sur peine de confiscation & d'amende.*

François Ier accorda la même permission, & fit les mêmes défenses pour le *Rosier historial de France.* Ce privilége devoit durer quatre années, il est du 23 Mars 1522.

En 1523 pareil Arrêt de la Cour du 3 Février, au sujet de l'impression de *la Chronique* & histoire de Louis XI *par Philippe de Commine.* Le Privilége fut accordé à Gaillot Dupré *pour deux années seulement.*

Même Privilége *de deux années* en 1539 à Vascosan pour l'édition de *Paul Emile, sur les faits & gestes des François avec la chronique.*

Lettres-patentes du Roi du 22 Avril 1551 en faveur de Charlotte Guillard, *avec le terme de six années* pour *le nouveau Testament.*

Nous ne finirions pas si nous entreprenions de vous rapporter tous les exemples de pareils priviléges. Il suffit de vous dire que ces privileges portoient un terme limité, qu'ils contenoient la défense à d'autres d'imprimer pendant la durée du privilége, & qu'ils ne concernoient que d'anciens manuscrits qui appartenoient en quelque sorte à tous ceux qui les possédoient ou qui les avoient acquis.

Cependant l'Art de l'Imprimerie prenoit tous les jours de nouveaux accroissemens, & alors elle étoit beaucoup plus florissante dans la ville de Lyon, que dans tout le reste du Royaume. La situation favorable de cette Ville, y avoit attiré une foule de Négociants forcés de s'expatrier; Ils y avoient établi leur domicile, l'esprit de négoce y dominoit, & cet esprit influa sur le commerce de la Librairie. Il faut même avouer que les plus fameux Imprimeurs de Lyon sont venus depuis s'établir à Paris, & que la Capitale leur doit peut-être une partie de la gloire qu'elle s'est acquise dans la Librairie.

Quoi qu'il en soit, la premiere Ordonnance que l'on connoisse sur le fond même de l'Imprimerie depuis son invention, le premier réglement pour la police de cet Art, ce sont les Lettres-patentes de François Ier de l'année 1541. Elles sont rapportées tout au long dans le recueil des Ordonnances Royaux avec les annotations de Rebuffe.

Lettres-Patentes de François Ier, de 1541, 28 Décembre.

Il s'étoit élevé des contestations entre les Imprimeurs & les Ouvriers de leurs Imprimeries, « à la poursuite desquelles, dit l'Ordonnance, lesdits Maîtres ont fait telles dépenses, & lesdits Compagnons d'autre » côté se sont si bien débauchés, que ledit Art d'Imprimerie, à cause de » ce, est entiérement cessé & discontinué en ladite Ville, & quasi dilaté

» & transporté d'icelle en autres pays, desquels il avoit été autrefois tiré, » dont s'ensuit un trop grand intérêt, préjudice & dommage à ladite » Ville, & conséquemment à la chose publique de notre Royaume.

Ces considérations déterminerent François Ier à donner à l'Imprimerie de Lyon le même Réglement qu'il avoit donné à l'Imprimerie de Paris.

Nous n'avons aucune connoissance du Réglement fait pour Paris, mais, comme il est dit dans ce Réglement qu'il est copié mot à mot sur celui de la Ville de Paris, vous rendre compte de l'un, c'est vous donner connoissance de l'autre, mais nous n'entrerons dans aucun détail à cet égard, parce que ces Lettres-patentes ne concernent que la police intérieure des Maîtres envers les Compagnons, & des Compagnons envers les Maîtres. Nous ajouterons seulement que les dispositions de ce Réglement, ont été renouvellées par l'Edit de Charles IX du mois de Mai 1571, dont nous parlerons dans la suite.

Les Lettres-patentes de François Ier étoient à peine enregistrées, qu'il s'éleva des difficultés sur les livres qu'on faisoit entrer à Paris sans avoir été vus & examinés par la Faculté de Paris. La Cour, par Arrêt du premier Juillet 1542, *fit défenses sous peine de confiscations, & autres peines arbitraires à tous Libraires & autres Marchands quelconques d'exposer en vente aucuns livres, en la Ville de Paris ou autres du ressort s'ils n'ont été vus & visités en la maniere contenue audit Arrêt, tant pour les Villes ayant Université, que autres.* Cet Arrêt de réglement fut dans la suite adopté par les Ordonnances, & nous observerons d'avance que les Réglemens particuliers de la Cour ont toujours précédé les loix générales, & en ont été en quelque sorte le modele.

Bientôt après ce Réglement, parut la premiere loi concernant la publicité de l'impression. La licence que les Sectaires se permettoient dans le débit de leurs erreurs & de leurs libelles, donna lieu à l'Edit de Henri II du 11 Décembre 1547. Il a été enregistré en la Cour le 19 Décembre de la même année.

L'objet de cet Edit étoit de réprimer l'usage & le débit des Livres réprouvés. L'Edit s'explique ainsi :

« Défendons qu'aucuns Libraires ni Imprimeurs n'ayent, sous con» fiscation de corps & de biens, à imprimer ou faire imprimer, ne » vendre ou publier, ne faire vendre ou publier aucuns Livres concer» nant la sainte Ecriture, & mêmement ceux qui sont apportés de » Genêve, Allemagne & autres lieux étrangers, que premiérement » n'ayent été vus, visités & examinés de la Faculté de Théologie de » Paris, & n'ayent, les Imprimeurs & Libraires, à vendre, exposer en » vente aucuns Livres de la Sainte Ecriture commentés ou scholiés, » que le nom de celui qui l'a fait ne soit exprimé & apposé au com» mencement du Livre, & aussi celui de l'Imprimeur avec l'enseigne » de son domicile, ni aussi à imprimer en lieux occultes & cachés, » ains en leurs Officines & lieux publics, afin qu'ils puissent répondre » à chacun de leur fait.

Cet Edit de Henri II est le premier qui contienne un Réglement relatif à l'ordre public. Il renferme quatre dispositions particulieres : la premiere, est une défense d'imprimer aucuns Livres contre la Religion, sous peine de confiscation de corps & de biens.

Par la seconde, il ordonne que les Livres concernant la Religion seront examinés par la Faculté de Théologie.

Par la troisieme, il est prescrit de mettre à chaque Ouvrage imprimé le nom de l'Auteur & de l'Imprimeur, & le lieu de l'impression.

Enfin, par la derniere, il est défendu d'imprimer en lieux occultes & cachés.

L'Edit de Châteaubriant, donné de même par Henri II en 1551, renouvelle toutes les dispositions de l'Edit de 1547; mais il ajoute de plus une prohibition par laquelle, dans l'article 9, il semble prévoir les contrefaçons. *Il défend à tous Imprimeurs d'imprimer, sinon en leurs Officines & Ouvroirs, sans supposer le nom d'autrui, sur peine de confiscation de corps & de biens, & d'être déclarés faussaires.*

Voilà, Messieurs, tout ce que nous trouvons dans les Loix du Royaume de relatif à l'Imprimerie jusqu'à cette premiere époque. Dans l'origine on pouvoit imprimer librement toutes sortes d'Ouvrages, même sans permission. On reconnut bientôt le danger de cette liberté indéfinie. Les Livres de Religion furent assujettis à un examen de la Faculté de Théologie, l'impression en fut défendue, soit qu'ils eussent été composés dans le Royaume, soit qu'ils vinssent du dehors; on astreignit les Libraires & Imprimeurs à mettre leur nom & celui de l'Auteur en tête des Livres. On obligea les Imprimeurs à ne travailler que dans des lieux connus, & il leur fut défendu de supposer le nom d'un autre, à peine d'être déclarés faussaires & de confiscation de corps & de biens. Tel est encore une fois le résultat des Loix intervenues sur la matiere. Nous ne voyons encore rien de particulier sur les priviléges. On obtenoit, à la vérité, quelquefois des priviléges, soit du Roi, soit des Cours, soit même quelquefois des Juges des lieux; mais ce n'étoit encore qu'une précaution que l'Imprimeur croyoit devoir prendre pour assurer la vente de son édition; il n'y avoit encore aucune Loi qui astreignît, soit les Auteurs, soit les Imprimeurs, à obtenir un privilége. Voyons ce qui est arrivé depuis. Dans cette seconde époque, la police publique va prendre une forme nouvelle.

SECONDE ÉPOQUE.

Le premier Réglement qui se présente à nos regards, sous cette seconde époque, est un Arrêt de la Cour du 18 Août 1561; jusques là les Loix & les Arrêts n'avoient imposé la nécessité de l'examen & du privilége au-delà de la permission, qu'aux seuls Ouvrages qui concernoient la Religion; on commença, en ce moment, à voir que la facilité de l'impression & la multiplicité des exemplaires pouvoient intéresser le Gouvernement & les mœurs, & la Cour fit un Réglement nouveau, qui défendit d'imprimer aucun Ouvrage sans permission du Roi ou du Parlement. Cet Arrêt, comme nous venons de le dire, est du 18 Août 1561.

Arrêt du Parlement, 18 Août 1561.

Le Gouvernement ne tarda pas à adopter une disposition aussi sage; & comme les libelles se multiplioient à l'infini, on ajouta les peines les plus séveres pour réprimer cet abus. Cette Loi, Messieurs, est la Déclaration donnée à Mantes le 10 Septembre 1563, & enregistrée en la Cour le 29 Novembre 1563.

Déclaration de 1563.

Cette Déclaration a deux objets, l'un d'empêcher l'impression d'aucuns Livres & libelles diffamatoires ; l'autre contient, défenses d'imprimer, sans une visite préalable, & sans avoir obtenu un privilége.

Elle est ainsi conçue :

« Défendons à toutes personnes de quelqu'état, qualité & condition » qu'ils soient, qu'ils n'ayent, sous peine de confiscation de corps & de » biens, à mettre en lumiere, imprimer ou faire imprimer aucuns » Livres, Lettres, Harangues, ne autres Ecrits, soit en rithme ou prose, » faire ne semer libelles diffamatoires, placards, ne mettre en évidence » aucune autre composition de quelque chose qu'elle traite, sans que » premiérement elle ait été vue par nous & notre Conseil privé, & » pour ce faire, obtenir permission de nous, sous le grand scel de notre » Chancellerie, & à tous Libraires d'en imprimer aucuns, sans notre » permission ainsi scellée, sous peine d'être pendus & étranglés ; Voulons » que de semblables peines soient punis ceux qui auront été trouvés attachans, ou avoir affiché ou semé lesdits placards ou libelles diffamatoires ; enjoignons à tous Magistrats publics, Commissaires de quartiers, & autres nos Officiers, y avoir l'œil, & à nos Procureurs & » Avocats des lieux d'y faire leur devoir, sur peine, en cas de négligence, d'être punis des mêmes peines, & de nous en prendre à leurs » propres personnes ».

Voilà, Messieurs, la premiere Loi intervenue sur la matiere des permissions, & quoique la peine de mort soit exprimée immédiatement après l'obligation de prendre des Lettres du grand sceau, & que dans le texte de la Loi cette peine paroisse s'appliquer indistinctement aux deux prohibitions exprimées, il est naturel de penser que la peine de mort n'est prononcée que contre ceux qui ont imprimé, affiché, distribué des placards ou des libelles. Il est difficile de croire que le Législateur ait voulu faire pendre pour avoir imprimé un Livre quelconque sans permission, la Loi eût été trop rigoureuse, & par conséquent fut demeurée sans effet. Cependant elle étoit écrite, & on ne tarda pas à la mettre en quelque sorte à exécution.

Arrêt du Parlement, 18 Février 1565.

Par Arrêt du 18 Février 1565, la Cour défendit d'imprimer & colporter aucuns Imprimés, s'il n'y a permission & nom d'Auteur, sous peine de la hart & de plus grandes peines. Mais on reconnut bientôt que la peine de mort ne pouvoit s'appliquer qu'aux libelles & aux placards. Nous trouvons en effet un second Arrêt de la Cour, du dernier jour de Juillet de la même année 1565, par lequel il fut défendu à tous Imprimeurs, Libraires, Colporteurs, ou autres personnes de quelqu'état qu'elles soient, d'imprimer ou faire imprimer aucuns Livres pleins de blasphêmes, convices ou contumélies pétulans, & ne tendant qu'à troubler l'état & repos public, sur peines de confiscation de corps & de biens. On cite, dans les notes de Guénois, deux Arrêts de la Cour, l'un du premier Décembre 1584, l'autre du 22 Novembre 1586, par lesquels deux Particuliers furent condamnés à être pendus, pour avoir mis au jour des Livres contre le Roi. Mais ce qui bannit toute incertitude à cet égard, c'est que la Déclaration de 1563 a été interprétée par l'Ordonnance de Moulins, intervenue trois années après en 1566.

Arrêt de la Cour du 31 Juillet 1565.

Cette Ordonnance, une des plus fameuſes du Royaume, rendue ſur la demande des Etats, s'explique avec moins de ſévérité, Article 78.

Ordonnance de Moulins, 1566.

« Défendons à toutes perſonnes que ce ſoit d'imprimer ou faire imprimer aucuns Livres ou Traités ſans notre congé & permiſſion, & » Lettres de privilége ſous notre grand ſcel, auquel cas enjoignons à » l'Imprimeur d'y mettre & inſérer ſon nom & le lieu de ſa demeurance, » enſemble le congé & privilége, & ce ſur peine de perdition de bien » & de punition corporelle ».

Ce n'eſt plus la peine de mort prononcée par la Déclaration de 1563; c'eſt une ſimple punition corporelle, laiſſée même à l'arbitrage des Juges, puiſqu'elle n'eſt pas littéralement exprimée.

La même prohibition fut renouvellée par la Déclaration donnée à Paris le 16 Avril 1571.

Déclaration du 16 Avril 1571.

« Défendons l'impreſſion de tous nouveaux Livres en notre Royaume, » ſans notre permiſſion par Lettres de notre grand ſcel, auxquelles ſera » attachée la certification de ceux qui auront vu & viſité le Livre, & » ne ſera loiſible d'imprimer aucun Livre, ſans au commencement & » premiere page nommer l'Auteur & l'Imprimeur.

Ces précautions ne furent pas encore ſuffiſantes, on éludoit la viſite de l'Univerſité de Paris, ſur-tout en matiere de Théologie, & la Religion prétendue réformée ne vouloit point ſe ſoumettre à cet examen. Henri III, en 1577, voulut encore faire ceſſer ces clameurs par l'article 14 de ſon Ordonnance de cette même année; il ordonna :

Déclaration de 1577.

« Qu'aucuns Livres ne pourroient être vendus, ſans premiérement » être vus par ſes Officiers ſur les lieux, & pour le regard des Livres » de Religion prétendue réformée par les Chambres ordonnées en chacun Parlement ».

Ce nouveau Réglement donna naiſſance à un nouvel abus. Les précautions que l'Adminiſtration prenoit pour connoître les Auteurs & les Imprimeurs des Ouvrages rendus publics, fit imaginer de les faire imprimer en pays étranger, pour enſuite les débiter en France. La ſageſſe du Gouvernement, ſa prévoyance euſſent été inutiles, ſi l'on ne ſe fût occupé du ſoin de s'oppoſer à ce genre de fraude, & la Cour, par » Arrêt du 7 Décembre 1577, « fit inhibition à tous Imprimeurs du » Royaume, ſous peine de confiſcation & de quatre mille écus d'amende, » de faire imprimer aucuns Livres hors du Royaume, & il fut ordonné » que le Procureur Général auroit commiſſion pour faire informer à » l'encontre de ceux qui auroient fait imprimer Livres hors du Royaume, » pour l'information faite & rapportée décréter contre les coupables, » ainſi que la Cour verroit à faire par raiſon ».

Arrêt du 7 Décembre 1577.

Ces nouvelles Loix, comme vous le voyez, Meſſieurs, impoſent la néceſſité d'obtenir une permiſſion du Sceau pour imprimer, & l'Ordonnance de Moulins ajoute une formalité nouvelle; c'eſt celle d'imprimer le privilége à la fin du Livre mis en vente : & les Arrêts de la Cour ordonnent en outre, que les Livres ſeront vus & viſités, & qu'on ne pourra les faire imprimer en pays étranger.

Vous n'avez encore rien vu juſqu'ici qui puiſſe avoir rapport à la durée des priviléges : il n'a été queſtion encore que de la permiſſion d'imprimer;

& il étoit juste qu'il ne pût se répandre dans le Royaume aucun Ecrit sans la permission du Souverain. Ces permissions se donnoient pour un temps limité, par deux raisons : la premiere, parce qu'il ne s'agissoit, en quelque sorte, que des Ouvrages anciens, dont tout le Public étoit propriétaire ; en second lieu, parce qu'un Livre pouvoit devenir dangereux, & qu'il étoit du bon ordre d'en arrêter la distribution.

A cela près, nous ne trouvons rien qui attaque ou qui favorise la propriété des Auteurs. Le Législateur défend uniquement d'imprimer sans permission du grand Sceau ; vous avez vu au contraire un article absolument contraire aux contrefaçons : c'est l'article 9 de l'Ordonnance de Châteaubriand de 1551, qui défend à tous Imprimeurs de supposer le nom d'autrui, à peine de confiscation de corps & de bien, & d'être déclarés faussaires.

Suivons toujours l'ordre chronologique des Réglemens que la Cour nous a demandés.

C'est à-peu-près à cette époque que s'éleva la question de la nature des priviléges, de l'objet sur lequel ils pouvoient s'appliquer, & de la prolongation qu'on vouloit établir en ce moment.

Ces questions furent agitées & décidées par différens Arrêts de la Cour.

Arrêt du 28 Avril 1578.

Le premier, du 28 Avril 1578, « défend d'obtenir aucune prolon- » gation de privilége, s'il n'y a augmentation aux Livres dont il s'agit ». L'espece de cet Arrêt n'est point rapportée ; nous ne connoissons que le Réglement : on prétend qu'il est rapporté dans la Conférence de Guénois : nous l'avons cherché ; il ne s'y trouve sûrement pas. *

Le second nous est plus connu, & même Guénois en fait mention, ou plutôt, il est dans les Notes sur Guénois.

On y rapporte l'espece d'une difficulté qui s'éleva entre une Demoiselle Giunti & un sieur Philippe Thyngy, Libraires à Lyon. Ils étoient l'un & l'autre Florentins ; ils demeuroient dans la même rue, quoique séparés de demeure, il paroît qu'il y avoit une société entr'eux ; mais ils avoient pris la même marque. Querelle s'éleva entr'eux au sujet de cette marque ; & sur les priviléges qu'ils avoient obtenus des mêmes Livres, la Cour,

Arrêt de la Cour du 7 Décemb. 1579.

par Arrêt du 7 Décembre 1579, ordonna, sur la marque, qu'elle demeureroit à Giunti, comme s'en étant servi la premiere ; & quant aux priviléges des Livres, qu'on n'y auroit aucun égard, sinon des Livres qui n'ont point encore été imprimés par ci-devant ; & pour le regard des autres jà imprimés, qu'ils seront imprimés par tous les Imprimeurs, qui pourront & voudront les imprimer, en toute liberté.

Ces Arrêts décident trois choses : la premiere, que les priviléges ne peuvent avoir lieu que pour les Livres nouveaux, & qui n'ont point encore été imprimés.

La seconde, que tous les Livres déja imprimés, & sur-tout les Livres étrangers, pourroient être imprimés par tous les Imprimeurs ; ce qui ne regarde en rien le fait particulier des priviléges, parce qu'il est constant qu'il n'y avoit encore, pour ainsi dire, que les Ouvrages des anciens qui eussent été mis en lumiere ; & comme ces Ouvrages appartenoient autant

* Il se trouve indiqué à la page 1105 de Guénois, tome 3, édition de 1678, mais sans aucun détail, comme dans les Statuts de Bouchel, qui sont copiés en cet endroit.

à un Imprimeur qu'à un autre, il étoit juste de laisser subsister la concurrence entre tous.

Enfin, la troisieme, c'est qu'à cette époque, on commença à défendre de renouveller ou de prolonger les priviléges, à moins qu'il n'y eut augmentation à l'Ouvrage que le même Libraire vouloit faire imprimer.

Et ce qui prouve que tel a été le motif des décisions de la Cour, c'est l'Arrêt rendu le 15 Mars 1586, au sujet de l'impression de Séneque, augmenté des Notes de Marc-Antoine Muret. Ce Livre avoit été apporté de Rome : l'Ouvrage en lui-même étoit d'un Auteur ancien; les Notes étoient d'un étranger. Nicolas Nivelle, Libraire à Paris, obtint un privilége exclusif pour imprimer ce Livre nouveau. Jacques Dupuis & Gilles Beys formerent opposition à l'enregistrement de ce privilége; & la Cour ayant égard à l'opposition, ordonna que l'Exemplaire du Livre de Séneque, corrigé & illustré par défunt Me. Marc-Antoine Muret, apporté de Rome, pourroit être imprimé par lesdits Dupuis & Beys. Cet Arrêt porte avec lui le motif de sa décision; & ce motif est, qu'il s'agissoit d'un Auteur ancien; quoiqu'illustré par Muret, il n'en étoit pas moins un Livre étranger, & par conséquent placé dans la classe de ceux qu'il étoit libre à tout Imprimeur d'imprimer à son gré.

Depuis ces derniers Réglemens, aucun Libraire ou Imprimeur n'osa imprimer sans un privilége, & même il ne fut plus permis de réimprimer sans un nouveau privilége. Guillaume Chaudiere, en 1595, obtint un nouveau privilége de dix années pour imprimer, vendre & distribuer la Conférence des Coutumes tant générales que locales, & particuliérement du Royaume de France, par Pierre Guénois, & le motif de sa demande étoit l'immensité des frais, & que ladite Conférence étoit augmentée du quart ou environ : ce nouveau privilége lui fut accordé pour dix ans, & les Lettres-patentes furent enregistrées à la Cour & au Châtelet. Jean Houré obtint de même un privilége en 1598 pour faire imprimer le grand Coutumier de France, avec les Notes de Charondas.

En la Cour le 17 Août 1595, au Châtelet le 26 Juin 1595.

7 Février 1598.

Même privilége à N. Buon en 1607 pour les Œuvres de d'Argentré, toujours pendant dix ans. 1607.

Le 16 Juillet 1608, privilége à une société de Libraires, à la tête desquels étoit Cramoisi, pour imprimer seul pendant le terme de dix années, les Edits & Ordonnances de Fontanon. 1608.

Nous ne finirions pas cette énumération de priviléges, & nous avons cité les principaux, parce que ce sont des Livres généralement connus, & dont les Editions entraînoient les plus grandes dépenses.

Ce fut à-peu-près en ce temps-là qu'on vit s'élever la question sur la nature du droit de réimpression. On demanda si le droit de réimprimer la premiere Edition d'un Livre étoit libre à tous les Imprimeurs, lorsqu'on faisoit une seconde Edition du même Ouvrage, revue & corrigée. La question s'éleva au Parlement de Rouen, entre un sieur Pradel & la Communauté des Libraires de la même Ville.

Arrêt du Parlement de Rouen, 9 Juillet 1610.

Pradel avoit obtenu le privilége pour un Ouvrage dont le titre n'est pas rapporté : il voulut faire une derniere Edition, & obtint un nouveau privilége sans doute, car l'Arrêt cité ne le dit pas. Les Libraires de Rouen prétendirent avoir le droit de réimprimer la premiere Edition : contestation à ce sujet; & par Arrêt du 9 Juillet 1610, il fut permis audit Pradel d'user de son privilége, pour le regard de la derniere Edition revue & corrigée, sans préjudice de la premiere Edition, de laquelle le privilége est expiré, laquelle lesdits Imprimeurs & Libraires de ladite Ville pourront imprimer, vendre & distribuer.

Idem. Rouen, 19 Septembre 1615.

Pareille contestation s'éleva encore au Parlement de Rouen, entre la même Communauté & Nicolas Renouard, sans qu'on cite encore l'intitulé du Livre; & par Arrêt du 19 Septembre 1615, il fut permis auxdits Libraires & Imprimeurs de débiter le Livre dont est question, suivant la premiere copie & exemplaire dont le privilége étoit expiré.

Enfin, Messieurs, par Arrêt de la Cour du 19 Août 1617, il fut dit, que la Veuve Langelier, qui avoit obtenu une prolongation de privilége pour Séneque, auroit six mois de délai, après lequel, permis à chacun d'imprimer & vendre concurremment le Livre privilégié.

Ces Réglemens particuliers sembloient nécessiter une Loi nouvelle; mais une Loi générale, qui devint la Loi commune de toute la Librairie dans le Royaume.

L'Antiquité étoit, pour ainsi dire, un champ public dont tout Imprimeur avoit droit de recueillir les fruits: c'étoit un patrimoine commun, & tous les manuscrits existans étoient en quelque sorte un droit de conquête; ils appartenoient *primo occupanti*, & personne ne paroissoit y avoir un droit personnel; mais il paroissoit de temps à autres des Ouvrages nouveaux. Les Auteurs, ou le Libraire qui les imprimoit du consentement des Auteurs, car on ne s'étoit point encore avisé de faire des Traités particuliers à raison de cette espece de propriété; les Auteurs, disons-nous, ou leurs représentans, avoient un titre légitime que nul autre ne pouvoit réclamer: les uns & les autres se contenterent, comme vous l'avez vu, de demander des Lettres de privilége pour ces nouveaux Livres, & ces priviléges exclusifs furent accordés dans la même forme, dans le même style, pour les Ouvrages modernes, comme pour les anciens, il n'y eut aucune différence à cet égard, ils eurent également un terme limité. On obtenoit des continuations de priviléges à l'expiration du premier. La propriété de l'Auteur fut entiérement anéantie, ou plutôt, on la fit résider toute entiere dans le privilége. C'est ce qui résulte singuliérement des Arrêts du Parlement de Rouen; & même nous ne pouvons pas dire si les Livres qui furent alors déclarés communs étoient des Ouvrages anciens ou nouveaux; & cependant cette différence seule pourroit servir à éclaircir le motif de la décision. *

Le plus grand nombre des Arrêts sur lesquels on s'appuie, avoient pour objet des Livres anciens, ou des compilations. C'étoit en 1579 la somme de S. Thomas; en 1583, le Cours de Droit Canon; en 1586, les Œuvres de Séneque, avec les Notes de Muret; en 1595, la Conférence des Coutumes; en 1598, le Coutumier Général; en 1608, les Edits & Ordonnances de Fontanon; en 1609, l'Office de la Vierge en Grec & en Latin; en 1611, des Missels, des Heures, des Diurnaux, &c.; en 1617 il étoit encore question des Œuvres de Séneque, mais sans Notes. Nous ne trouvons dans cet intervalle que les Ouvrages de trois Auteurs particuliers; en 1607, les Œuvres de d'Argentré; en 1610, les Mémoires d'un Sieur

* Voyez les Notes, à la fin.

Villars ; & en 1617, un Jugement au Souverain des Requêtes de l'Hôtel, pour la réimpression de la premiere & de la seconde partie de l'Astrée du Seigneur d'Urfé.

Les Libraires de Paris avoient alors la plus grande influence sur le commerce de la Librairie : plus à portée de communiquer avec les Auteurs, ils étoient en possession d'imprimer presque seuls les Ouvrages nouveaux ; ils obtenoient plus facilement des Lettres de continuation à l'expiration des premieres. Les Libraires de Province prétendirent que ces continuations étoient contraires à l'industrie & à la liberté ; les Libraires de Paris eux-mêmes, ceux qui n'avoient pas la confiance des Auteurs se joignirent aux Libraires de Province, & ces clameurs enfanterent les Lettres-Patentes en forme de Réglement de 1618 ; il faut entrer à cet égard dans un certain détail.

Le Mercredi 24 Mai 1617 les Syndics & Gardes de la Librairie présenterent une Requête à Henri de Mesme, alors Lieutenant-Civil de la Prévôté & Vicomté de Paris, dans laquelle ils exposerent qu'il se commettoit un grand désordre & confusion en cette Ville & Fauxbourgs, au fait desdits Libraires, Imprimeurs & Relieurs, à cause de la grande quantité d'iceux, & principalement quand il se fait quelques assemblées pour résoudre des affaires de ladite Communauté ; & ils lui demanderent qu'il leur fut permis de choisir & appeller, par lesdits Syndics & Gardes, dix-huit des plus anciens dudit Corps ; à savoir, six Libraires jurés, six Libraires non-jurés, six Imprimeurs, avec iceux Syndics & quatre Gardes, pour être par eux avisé ce qu'il conviendra faire, tant à la conservation de leur état de Libraires, qu'à l'impression des Livres & Libelles diffamatoires, que ès procès qui peuvent survenir, & autres choses généralement quelconques, & que ce qui sera par eux fait, accordé & arrêté soit exécuté, comme si la Communauté entiere y eut été appellée.

Le Lieutenant-Civil ordonna que la Requête fut communiquée à notre Substitut ; & sur ses conclusions, il intervint une Ordonnance conforme à la demande.

L'assemblée eut lieu, les trois quarts & plus de la Communauté des Libraires, Imprimeurs & Relieurs y furent présens ; on choisit dix-huit personnes, & on leur donna pouvoir de procéder à un Réglement qu'il est besoin de faire pour la conservation de leur état, & obvier aux abus & malversations qui se commettent en ladite vacation, & que ce qui seroit fait par lesdites personnes élues, seroit & demeureroit stable comme si tout le corps avoit été mandé. Les dix-huit députés en conséquence ayant prêté serment devant le sieur Lieutenant-Civil, s'assemblerent à différentes fois, & après avoir murement délibéré, ils rédigerent un projet de Statuts capables de remédier aux différens abus qui s'étoient introduits dans la Librairie. Ce projet fut adressé au Roi par forme de remontrance, & le Corps de la Librairie supplia de vouloir bien le revêtir du sceau de son autorité en lui accordant des Lettres-Patentes. Par de premieres Lettres adressées au Prévôt de Paris, le Roi renvoya lesdites Remontrances & articles au Lieutenant-Civil du Châtelet, pour conjointement avec notre Substitut donner & envoyer leur avis sur la commodité & incommodité de la chose publique, d'accorder le contenu en ladite Requête ; ces Lettres-Patentes sont du premier Juin 1618.

Lettres-Patentes 1 Juin 1718.

Le 13 du même mois le Lieutenant-Civil & notre Substitut s'expliquerent sur la demande du Corps de la Librairie & sous le bon plaisir du Roi, ils furent d'avis iceux articles être accordés en la forme qu'ils sont, comme justes & raisonnables, & à cette fin que toutes Lettres sur ce nécessaires leur fussent expédiées.

La Communauté se retira pardevers le Roi, il leur fut accordé des Lettres de confirmation desdits Statuts, & les Lettres ont été enregistrées sur nos conclusions le 9 Juillet 1618, & le 13 du même mois elles ont été pareillement registrées au Châtelet, pour par les Impétrans jouir du contenu d'icelles.

Ce Réglement, ou plutôt ces Statuts, contiennent 38 articles, nous nous arrêterons à ceux qui ont rapport au compte que la Cour nous demande. Il n'y en a que deux, ce sont les articles 32 & 33.

L'article 32 contient « des défenses à tous Libraires, Imprimeurs » & Relieurs de faire imprimer Livres, en quelque forme que ce soit, » hors le Royaume, à peine de confiscation de tous les exemplaires, » & de 3000 liv. d'amende pour la premiere fois; & pareille défense » de supposer le nom, la marque ou le lieu auxquels lesdits Livres » seront imprimés, aux mêmes peines que dessus, aux termes de l'Edit » de 1572.

» L'article 33 défend à tous Libraires, Imprimeurs & Relieurs de » contrefaire les Livres desquels il y aura privilége obtenu, même d'a- » cheter aucuns Livres ainsi contrefaits des Marchands Forains, ni d'en » faire venir en aucune forme & maniere que ce soit, sur les peines » portées par les priviléges qui en auroient été obtenus; comme aussi » défenses à tous Libraires, Imprimeurs & Relieurs de la ville de » Paris d'obtenir aucune prolongation de privilége pour l'impression » des Livres, s'il n'y a augmentation aux Livres desquels les priviléges » sont expirés ».

Une premiere observation que nous sommes obligés de faire sur ces Statuts, c'est, Messieurs, qu'ils ne peuvent faire loi qu'entre les Libraires & Imprimeurs de Paris, ils se la sont eux-mêmes imposée, ils ont eu recours à l'autorité souveraine pour se lier les uns envers les autres, & de même qu'ils ne pourroient l'opposer à tous les autres Libraires & Imprimeurs du Royaume, de même les Libraires & Imprimeurs de Province ne peuvent en tirer avantage contr'eux, c'est un Réglement particulier pour le Corps de la Librairie de la ville de Paris; en un mot, ce n'est point une loi générale du Royaume.

Ceci posé, voyons ce qui résulte des Statuts; il en résulte cinq choses différentes & principales.

En premier lieu, une défense de faire imprimer hors du Royaume.

En second lieu, une défense de supposer & déguiser le nom, la marque & le lieu de l'impression.

3°. Une défense de contrefaire les Livres dont un autre aura le privilége.

4°. Une défense d'acheter ou faire venir des Livres contrefaits.

Enfin une défense d'obtenir aucune prolongation de privilége pour l'impression des Livres s'il n'y a augmentation.

Nous avons dit que ces Statuts en eux mêmes ne sont que la loi particuliere

particuliere de la Communauté des Libraires de Paris, c'est-à-dire, qu'en les considérant comme Statuts, ils ne sont que le Réglement d'un Corps particulier ; mais de ces cinq défenses, les quatre premieres étoient déja faites par les Ordonnances générales du Royaume, & par conséquent elles sont communes à tous les Libraires de France. Les Statuts en cette partie ne font qu'appliquer au Corps de la Librairie de Paris, ce qui est déja réglé pour tous ceux qui exercent la même profession dans toutes les Terres & Seigneuries de l'obéissance du Roi.

A l'égard de la cinquieme qui concerne la prolongation des priviléges, cette défense, qui n'avoit encore été prononcée que par un Arrêt de la Cour, ne pouvoit faire loi que dans l'étendue de son Ressort, & & c'est d'après ce Réglement particulier qu'il a été inséré dans les nouveaux Statuts.

Voilà donc une premiere base sur laquelle nous pouvons nous appuyer, c'est la loi que le Corps s'est faite à lui-même, loi adoptée par le Souverain, & consacrée par l'enregistrement qui en a été fait.

On a prétendu dans un Mémoire & une Consultation imprimée en 1776, & dont la distribution a été renouvellée en ce moment, que ces Statuts de 1618 ont été augmentés en 1620, parce que les Anciens n'avoient pas prévu tous les inconvéniens, & à cet égard, le Jurisconsulte de la ville de Lyon qui a rédigé le Mémoire & la Consultation dont il s'agit pour les Libraires de Lyon, Rouen, Toulouse, Marseille & Nîmes, présente le prétendu Réglement de 1620 comme une Loi nouvelle, en conséquence il cite l'article 78 de ce Réglement, qui porte :

« Depuis qu'un Livre a été une fois publié ou imprimé hors le Royaume, » aucun ne peut obtenir un privilége particulier pour l'imprimer en ce » Royaume ».

Nous entrons à ce sujet en quelque détail pour vous prémunir contre l'impression qu'il pourroit faire sur vos esprits. Ce Réglement, Messieurs, n'est rien moins qu'authentique, & il est étonnant qu'un Jurisconsulte l'ait adopté & l'ait donné pour une loi existante. Ce Réglement n'est qu'un nouveau projet de réglement. Laurent Bouchel, célebre Jurisconsulte, a cru qu'il manquoit plusieurs chefs dans les Statuts de 1618, il s'est occupé à refondre le Réglement. Il l'a divisé par titres & par matieres, il y a ajouté de nouveaux articles, l'ancien n'en contient que trente-huit, il en a fait quatre-vingt-quatre, ainsi il y en a quarante-six d'augmentation, & il y a ajouté une conférence des Ordonnances & Arrêts intervenus sur la matiere. Ce Réglement toujours resté en nature de projet n'a point été revêtu de Lettres-patentes, il n'a été homologué en aucune Jurisdiction. C'est l'ouvrage d'un savant homme, mais ce n'est rien de plus, & nous ne pouvons le regarder comme loi. On peut dire tout au plus que c'est un monument de l'usage qui commençoit à se pratiquer alors, & pour vous en convaincre, il nous suffira de vous rapporter l'interprétation qu'il donne lui-même aux différens articles qu'il ajoute, & de vous faire voir le fondement sur lequel il s'appuie.

Par exemple, l'art. 78 que nous venons de citer, contient une défense d'obtenir un privilége pour un livre rendu public ou imprimé hors du Royaume.

A cet égard il cite un Arrêt du Conseil du 14 Mars 1583, pour le cours de droit Canon imprimé à Rome, un Arrêt de la Cour du 15 Mars 1586, pour l'impression de Séneque aussi imprimé à Rome avec les notes de Muret, un autre Arrêt de la Cour lors duquel Laurent Bouchel plaidoit lui-même pour la Somme de saint Thomas, & enfin un Arrêt de la Cour du 3 Août 1579 contre Philippe Tinghy, sans dire à l'occasion de quel livre il fut rendu. Cet exposé seul suffit pour démontrer que lors de cet Arrêt il ne pouvoit être question, comme nous l'avons déja observé, que des livres anciens ou étrangers qui faisoient le fond général de l'Imprimerie du Royaume.

Jusqu'à présent la question n'a été décidée par aucune loi positive. S'il y a quelques décisions particulieres, elles sont si rares & si généralisées, qu'on peut dire qu'il n'y a point de loi à ce sujet. Voyons donc si la question sera débarrassée des nuages qui l'enveloppent dans la troisieme époque dont il nous reste à vous rendre compte à la prochaine assemblée.

Séance du 31 Août 1779.

TROISIEME EPOQUE.

Nous avons divisé le compte des Réglemens intervenus sur la Librairie en trois époques, nous avons parcouru les deux premieres dans la derniere assemblée, il ne nous reste plus qu'à vous détailler ce qui s'est passé dans la troisieme. Cette partie contient ce qu'il y a de plus certain sur les loix générales de l'Imprimerie du Royaume.

François Ier a toujours été regardé comme le restaurateur des Lettres en France. Il doit sans doute cette qualification à la protection particuliere qu'il a accordée aux gens de Lettres: il en amena d'Italie, il en attira des autres pays étrangers; ils étoient accueillis à sa Cour, cette protection particuliere les fit de même considérer dans tout le Royaume, & ne contribua pas peu à l'avancement des Sciences & des Arts, ils marcherent à grands pas vers leur perfection: mais cette rapidité dans leurs progrès fut principalement due à l'invention de l'Imprimerie, qui étoit déja très-florissante lorsque ce Prince parvint au Trône. Depuis cette époque les Sciences parvinrent insensiblement à cet éclat qui préparoit en quelque sorte le regne de Louis XIV, regne brillant qu'on peut comparer avec les siécles les plus beaux d'Athenes & de Rome.

L'avenement de Louis XIII à la Couronne sembla préparer la gloire de son successeur. Au milieu des troubles, dont le commencement de son regne fut agité, il s'occupa des succès de la littérature renaissante, & dans le temps même qu'il étoit occupé à étouffer les semences de la discorde, il ne négligea rien de tout ce qui pouvoit procurer l'illustration de la France littéraire: pour y parvenir plus sûrement, il jetta un regard sur l'Imprimerie, & la considéra en même temps comme une source également feconde de bien & de mal, & sous ce double point de vue il s'occupa à lui donner un nouveau lustre, en même temps qu'il cherchoit à en corriger les abus.

Vous avez vu dans le compte que nous venons de vous rendre qu'en 1618 il avoit approuvé, confirmé les Statuts qui lui avoient été présentés par le Corps de la Librairie; mais ce n'étoit qu'un Réglement particulier pour la Ville de Paris, il voulut faire une loi générale pour tout le Royaume: c'est dans cette vue qu'il donna un Edit qui fut enregistré en la Cour le 19 Janvier 1626.

Le préambule de cette loi rédigée par les soins d'Antoine d'Aligre alors Chancelier de France, le préambule, disons-nous, est trop important pour ne pas le remettre sous vos yeux. Voici comme le Roi s'explique.

Édit 19 Janvier 1626.

« Tout ainsi que l'invention de l'Imprimerie a apporté de grandes » commodités pour les Sciences, aussi a-t-elle amené de grands & dan- » gereux inconvéniens aux Etats & Républiques où elle a été trop libre- » ment permise: car par le moyen d'icelle, se sont glissées & semées » beaucoup de mauvaises & fausses maximes de doctrine contre Dieu, » la Religion, les bonnes mœurs, la paix & le bien public, ce que le » Roi Charles, notre prédécesseur de bonne mémoire, n'ayant que trop » reconnu & expérimenté dès le commencement de son regne, auroit, » par un Edit du mois de Septembre 1563, vérifié en notre Cour de » Parlement, au mois de Novembre ensuivant, fait défenses à toutes » personnes, sur peine de confiscation de corps & de biens, de mettre » en lumiere, imprimer ou faire imprimer aucuns livres, lettres, ha- » rangues, ni autres écrits en rimes ou prose, faire ni semer Libelles » diffamatoires ou placards, ni mettre en évidence aucune composition » de quelque chose qu'elle traite, sans que premiérement elle n'ait été » vue & considérée en son privé Conseil, & pour ce faire obtenir per- » mission sous son grand sceau, & à tous Libraires d'en imprimer au- » cuns sans permission ainsi scellée, sur peine d'être pendus & étranglés; » & statué pareillement que tous ceux qui seront trouvés attachans ou » avoir attaché ou semé aucuns placards ou Libelles diffamatoires, se- » roient punis de même peine; laquelle Ordonnance auroit encore été » par lui-même confirmée en l'assemblée des trois Etats tenue à Moulins » en 1566. Mais comme à cause des grands troubles & désordres depuis » arrivés en cettuy notre Royaume presque toutes les bonnes loix & » institutions ont été corrompues & méprisées, entr'autres lesdites dé- » fenses, chacun entreprend hardiment & impunément de publier & » faire imprimer ce que bon lui semble, au grand préjudice de la Doc- » trine Chrétienne, notre service, le bien public, la paix & la tran- » quillité de notre Royaume, sous prétexte que depuis trente ans ou en- » viron certaines sortes de gens peu soucieux de la tranquillité d'icelui, » ont établi & fait établir des Imprimeries en tous endroits, aulieu qu'an- » ciennement il n'y en avoit qu'en nos bonnes Villes de Paris & de » Lyon, & en quelques autres Villes où il y a Université, esquelles il » y en avoit de petites pour imprimer seulement des theses, des heures, » des calendriers, auxquels désordres & abus désirant remédier & res- » treindre la faculté d'imprimer en terme d'une justice & équité politique, » ensorte que la Religion ni le bien public n'y puissent désormais re- » cevoir de préjudice notable, nous de l'avis de notre conseil, &c. »

Tel eſt, Meſſieurs, le préambule de l'Edit de Louis XIII, & cet Edit vous donne, pour ainſi dire, la clef de toutes les difficultés qui ſe ſont élevées depuis. En effet il eſt évident, d'après le préambule même, qu'il n'y avoit ni ne devoit y avoir d'Imprimerie dans le Royaume que dans les ſeules villes de Paris & de Lyon; vous avez vu dans le compte que nous avons eu l'honneur de vous rendre des anciennes Ordonnances concernant la Librairie, qu'il n'y avoit eu de réglement fait que pour les ſeules villes de Paris & de Lyon. Il eſt bien vrai qu'il exiſtoit des Imprimeurs dans d'autres Villes où il y avoit Univerſité; mais c'étoient de petites Imprimeries deſtinées à l'Impreſſion des Théſes, des Heures & des Calendriers. Enfin le Roi ſe plaint que depuis trente ans ou environ, il s'eſt établi des Imprimeries furtives en tous lieux qui ont donné naiſſance aux plus grands déſordres; c'eſt ſans doute cette multiplicité d'Imprimeries, qui fait aujourd'hui naître les difficultés que l'on aura tant de peine à ſurmonter dans la ſuite; mais il n'en réſulte pas moins que même à cette époque, il ne pouvoit y avoir de concurrence qu'entre les Imprimeurs de Paris, & ceux de la ville de Lyon; puiſque d'un côté les Imprimeries des Villes où il y a Univerſité n'étoient deſtinées qu'à imprimer les Auteurs claſſiques, les Livres de piété & les Almanachs, & d'un autre côté les autres Imprimeries n'étoient que des laboratoires furtifs, & déſavoués même du Gouvernement. Il ne faut donc pas s'étonner des précautions imaginées par l'adminiſtration qui obligeoient chaque Imprimeur à mettre en tête de chaque Livre le nom de l'Auteur, la marque de l'Imprimeur & le lieu de l'impreſſion.

D'après ces réflexions, voyons ce que porte l'Edit de *1626*; le Roi, par cet Edit perpétuel & irrévocable, renouvelle les diſpoſitions de l'Edit de Charles IX; fait défenſes à toutes perſonnes de quelque qualité & condition qu'elles ſoient de rien imprimer ou faire imprimer, ſous peine de confiſcation de corps & de bien ſans avoir obtenu des Lettres de permiſſion ſcellées du grand ſceau, ſans qu'aucune permiſſion d'imprimer puiſſe être obtenue ailleurs ou autrement. L'Edit ajoute enſuite, voulons & nous plaît que tous Imprimeurs & Libraires qui auront entrepris d'imprimer, vendre ou debiter aucuns Livres ou Compoſitions nouvelles, ſans permiſſion expédiée en la forme ſuſdite, de laquelle enſemble du nom de l'Auteur, ſera fait mention au commencement & à la fin de chaque Livre, ſoient pendus & étranglés, ainſi que tous ceux & celles qui ſe trouveroient avoir attaché ou ſemé Placards & Libelles diffamatoires.

Toutefois, afin de ne porter préjudice aux gens de Lettres & Univerſités de notredit Royaume, nous n'avons entendu, comme nous n'entendons comprendre, l'impreſſion & debit des Livres des anciens Auteurs non défendus, pourvu qu'il n'y ait rien de nouveau ajouté au Texte, Gloſe ou Commentaires anciens non condamnés. Si donnons, &c.

Cet Edit a été enregiſtré le *19* Janvier *1626*, mais l'Arrêt d'enregiſtrement contient certaines modifications, 1°. Que la peine de mort n'aura lieu qu'en ce qui concerne la Religion & les affaires d'Etat; 2°. à la charge que les Lettres de priviléges qui ſeront à l'avenir octroyées, ſeront vérifiées en la Cour; 3°. Enfin à la charge que l'Arrêt de vérification sera inséré à la fin & au commencement desdits Livres.

Cet Edit renouvelle, comme vous le voyez, les dispositions des anciennes Ordonnances, mais en même-temps il semble introduire un droit nouveau, puisqu'il exempte de la nécessité des permissions les Auteurs anciens qui n'ont point été condamnés, d'où il resulte que ce sont les Auteurs anciens qui sont restés communs à tous les Imprimeurs, & l'impression en a été permise sans obtenir des Lettres du sceau, qui, jusques-là néanmoins, avoient été regardées comme nécessaires & indispensables. D'où l'on peut conclure que la liberté indéfinie d'imprimer à l'expiration d'un privilége, ne peut regarder que les anciens Auteurs, soit qu'ils n'imprimassent que le texte, soit qu'ils imprimassent en même-temps des notes & des commentaires.

Lettres Patentes 27 Décembre 1627.

Les dispositions contenues dans cet Edit ont été renouvellées par des Lettres-Patentes datées du Camp devant la Rochelle le 27 Décembre 1627, elles ont été adressées au Lieutenant-Civil & au Châtelet. Le Roi se plaint de ce que plusieurs de ses Sujets, au mépris des Ordonnances qui prononcent la perte des biens & une punition corporelle, ne cessent de faire imprimer leurs Livres sans permission du grand sceau, soit pour l'intelligence qu'ils ont avec les Libraires, soit par la facilité qu'ils trouvent d'obtenir des priviléges dans les petites Chancélleries, ce qui cause de très-grands abus; à quoi voulant remédier, il ordonne que l'Ordonnance de Moulins, celles des Rois ses prédécesseurs, & son Edit de l'année précédente pour l'impression des Livres, soient inviolablement gardées & observées sur les peines y portées, & par une disposition particuliere (sans doute parce que la Cour avoit apporté une modification à la peine de mort, & l'avoit restrainte aux Livres concernant la Religion & les affaires d'Etat), le Roi fait très-expresses inhibitions, & défenses à toutes personnes de faire imprimer aucuns Livres ou Livrets, ou autres Livres quelconques, en quelque langue & matiere que ce soit, sans avoir le privilége scellé du grand sceau & non d'autre, à peine de nullité, & à tous Libraires, Imprimeurs & autres d'y avoir égard, ni d'imprimer aucuns Livres sans ladite permission du grand sceau, à peine de l'amende, confiscation de tous leurs Livres, d'interdiction pour un an de leur exercice & trafic, & de plus grandes peines, s'il y échoit.

Ces Lettres-Patentes ont été publiées, l'Audience & Présidial tenant au parc civil du Châtelet, & enregistrées ès registres des....... pour y avoir recours quand besoin sera le 21 Janvier 1628. Ces deux Loix nouvelles ne touchoient en rien à la propriété des Auteurs, il n'y étoit pas même question de la durée des priviléges, ni de leur continuation; nous trouvons depuis cette époque une infinité de priviléges accordés à différens Auteurs, qui paroissent avoir reçu leur exécution.

Cependant la question de propriété s'éleva avec plus de force, & le Gouvernement commença à y donner une véritable attention; il paroît même qu'on respecta cette propriété jusques dans la personne des Etrangers. Le Cardinal Bentivoglio avoit composé l'Histoire des Guerres de Flandres. Quinet, Libraire à Paris, voulut l'imprimer à l'insu de l'Auteur; il n'osa pas s'adresser à la grande Chancellerie pour en demander la permission : il obtint un privilége en la Chancellerie du Palais, c'étoit aller contre les deux dernieres Loix dont nous venons de vous rendre compte, qui vouloient qu'on ne put imprimer sans une permission du Grand Sceau. Le Cardinal Bentivoglio sans doute se plaignit, & par Arrêt du Conseil du 16 Janvier 1635, le privilége fut révoqué, & il fût fait défenses à Quinet de vendre l'Histoire des Guerres de Flandres, sans le consentement du Cardinal Bentivoglio, & sans permission de la grande Chancellerie.

Il est impossible de ne pas faire attention à ces mots *sans le consentement du Cardinal Bentivoglio.* Ce n'est pas sans doute sa qualité de Cardinal qui fit obtenir cette défense, parce qu'il étoit étranger; c'est sa qualité d'Auteur & de Propriétaire de l'ouvrage qu'on crut devoir respecter; & c'étoit un motif digne de Louis-le-Juste.

Pendant ces contestations, l'Imprimerie dégénéroit en France, on crut s'appercevoir que ce désordre prenoit sa source dans la concurrence; Pierre Seguier, devenu Chancelier de France, (il avoit succédé à Etienne d'Aligre), Pierre Seguier suivit la route qui lui avoit été tracée par son Prédécesseur. Il commença par donner ordre à la Communauté de s'assembler le 14 Février 1647; il lui fut fait défenses de rien imprimer sans en avoir obtenu la permission du Roi & des Lettres du grand sceau.

Registre de la Librairie.

Cet ordre fut enregistré, & le procès-verbal est signé de presque tous les Libraires de Paris. On arrêta de faire des remontrances à M. le Chancelier, il y eut une députation à cet effet, M. le Chancelier la reçut ainsi que les remontrances; mais le 7 Mars suivant, le Corps de la Librairie reçut ordre confirmatif du précédent, & qui s'étendoit jusqu'aux Livres anciens. Le Corps de la Librairie s'assembla pour recevoir les ordres du Roi, mais l'assemblée se retira, & le procès-verbal ne fut signé que des Syndic & Adjoints; nous avons nous-mêmes vérifié ces faits sur les Registres de la Librairie. Le Corps fut consterné, il garda le silence le plus profond; mais bientôt le Ministere se porta à donner un nouveau Réglement à ce sujet; & pour lui procurer l'effet législatif, ce Réglement parut dans l'Edit donné au mois de Décembre 1649 & vérifié en la Cour le 7 Septembre suivant. Comme cet Edit fait époque, nous croyons devoir le rapporter avec une sorte d'étendue.

Voici, Messieurs, comme s'explique le préambule de cet Edit, & vous verrez que c'est, pour ainsi dire, les mêmes plaintes que celles qu'on éleve aujourd'hui. Le Roi commence « par reconnoître *les grands* » *désordres qui se sont introduits dans l'Imprimerie, comme elle se pratique* » *en son Royaume.* Le mal procéde de ce qu'au préjudice des Réglemens, on reçoit en cette profession des personnes incapables de l'exercer. On imprime à Paris, dit le Préambule, si peu de bons Livres, » & ce qui s'en imprime paroît si manifestement négligé, que nous pouvons dire que c'est une espece de honte, & reconnoître que c'est un » grand dommage à notre Etat.... de cette source procéde encore un » autre malheur, qui est qu'un Libraire ou un Imprimeur faisant état de » son exercice, & en reconnoissant le mérite & la dignité, entreprenant un Ouvrage digne de voir la lumiere avec dépense & diligence; » aussi-tôt on verra naître mille avortons contrefaits, de gens qui, en

Edit du Roi. Décembre 1649.

» la concurrence de celui-là, feront imprimer le même œuvre, en mauvais papier, de caractere tout usé & sans correction; en sorte que par un soin préjudiciable au Public, ils portent dommage aux Ouvriers fideles, nuisent à ceux qui auroient le dessein de bien faire, & s'incommodent eux-mêmes; ce désordre, en la police de notre Etat, donne de grands avantages aux Etrangers, quand pour mieux faire ils attirent chez eux le négoce, même se portent plus avant, & ont des boutiques dans nos bonnes Villes, au moyen de quoi, sous des noms empruntés, ils emportent l'argent du Royaume, ou, au contraire, ils avoient coutume de prendre de nous non-seulement des papiers blancs, mais aussi toutes sortes de Livres qui s'imprimoient en notre Royaume d'une façon plus correcte qu'elle ne se faisoit en aucune autre part ».

Il est aisé à juger que les grands abus se sont introduits par l'incapacité des Maîtres qui a procédé de leur multitude, du peu d'intelligence qu'ont entr'eux les Imprimeurs & les Libraires de notre Royaume. Pour faire cesser ces abus, & remettre le plus beau & le plus utile de tous les Arts en son lustre, le Roi déclare qu'il s'est fait représenter les Ordonnances des Rois ses prédécesseurs, & la sienne sur le sujet de l'Imprimerie, avec les états & Réglemens qui de temps en temps ont été faits pour sa réformation, lesquels vus, & ouis encore quelques-uns des plus intelligens Imprimeurs & Libraires de notre bonne Ville de Paris, il a résolu de faire étroitement observer le présent Réglement.

Cet extrait du préambule vous fait voir, Messieurs, dans quel esprit il a été rédigé. Il est divisé en trente-sept articles : nous ne vous rapporterons que ceux qui ont trait à la matiere.

L'article 11 porte : Défendons à tous Libraires, Imprimeurs & Relieurs, conformément aux Ordonnances, Arrêts de notre Conseil & de notre Parlement, d'imprimer aucuns nouveaux Livres, soit en Vers, soit en Prose, sans en avoir nos Lettres de permission scellées de notre grand sceau, sous les peines portées par nos Ordonnances.

Voilà, Messieurs, le seul article qui concerne les Livres nouveaux.

L'article 13 porte : Que les Marchands Forains qui feront venir des Livres de dehors notre bonne Ville de Paris, seront tenus de les apporter dans la Chambre de la Communauté, pour être visités par les Syndic & Adjoints, pour voir s'il n'y a point de Livres ou libelles diffamatoires contre la Religion & l'Etat, ou autres Livres imprimés sans nom d'Auteur & le nom de la Ville où ils auront été imprimés ou contrefaits sur ceux qui auroient été imprimés à Paris avec privilége.

L'article 20 défend expressément à tous Libraires-Imprimeurs & Relieurs de prendre le nom ni la marque les uns des autres, ni de faire imprimer aucuns Livres hors du Royaume, & de supposer ou déguiser le nom, la marque & le lieu où lesdits Livres auront été imprimés, à peine de 3000 liv. d'amende & de confiscation des Livres, desquels la marque & le nom aura été supposé.

L'article 24 s'explique ainsi : Pour donner l'Ouvrage à ceux d'entre les Libraires & les Imprimeurs qui voudront réimprimer quelques-uns des Peres de l'Eglise Grecs ou Latins, ou autres œuvres de bons Auteurs de l'antiquité, en quelque langue qu'ils soient, leur donner aussi moyens de retirer leurs frais & de continuer de bien en mieux, nous voulons qu'ils puissent en obtenir le privilége de notre grand sceau, pour tel temps que nous le jugerons raisonnable, selon le mérite de l'Auteur; & ce en une sorte de volume seulement, savoir *in-fol. in-4*, *in-8*, ou autres : permettons aux autres Libraires, Imprimeurs ou Relieurs, d'obtenir nos Lettres de priviléges pour les imprimer en une autre sorte de volume, sans que pendant ledit temps qui leur sera accordé, aucun autre Imprimeur ou Libraire le puisse contrefaire, imprimer ni vendre dans notre Royaume, sous prétexte que la copie vient de pays étranger, qu'il n'y ait jamais eu de privilége, ou qu'y en ayant eu, il soit dès longtemps expiré, nonobstant toutes Lettres & Réglemens à ce contraires, sur les peines portées par ledit privilége.

Le Roi excepte les Vies des Saints, si elles ne sont de nouvelle invention & traduction, tous les Usages Romains, réformés ou non réformés; comme Missels, Bréviaires, Diurnaux, Pseautiers, Graduels, Antiphonaires, & autres; les Prieres & les Catéchismes, qui pourront être imprimés par tous les Libraires & Imprimeurs, en prenant par eux une approbation.

Le Roi excepte de même les anciens Despauteres, les Dictionnaires, les Grammaires, & les autres petits Livres des basses classes, qui pourront être imprimés par tous les Libraires & Imprimeurs, avec l'approbation du Recteur de l'Université. Enfin, cette exception comprend les Almanachs, dont l'impression sera libre, à la charge qu'il n'y aura point de pronostication, sur peine de punition corporelle.

Par l'article 27, pour éviter toute surprise, le Roi ordonne que tous les priviléges seront inscrits sur le Livre de la Communauté, lequel Livre sera communiqué à tous ceux qui voudront le voir, afin qu'il n'arrive plus de concurrence, & que deux Libraires ou Imprimeurs ne se rencontrent pas à demander le privilége du même Livre.

Voilà, Messieurs, tout ce que nous trouvons dans cet Edit qui ait rapport au compte que vous nous avez demandé.

Premiérement, les défenses générales d'imprimer aucuns Livres nouveaux sans permission du grand Sceau; secondement, des défenses de contrefaire, supposer ou déguiser le nom d'un Imprimeur; troisiémement, une permission générale de réimprimer les bons Auteurs de l'Antiquité, en obtenant un privilége pour une sorte de Volume, avec faculté aux autres Libraires d'obtenir un privilége pour le même Ouvrage, en l'imprimant sous un autre format; & enfin, l'obligation d'inscrire tous les priviléges sur le Livre de la Communauté, pour éviter la concurrence.

Cet Edit, Messieurs, ne fut enregistré qu'en partie : la Cour laissa en suspens les articles 26, 27, 28 & 29, & elle ordonna à cet égard, que douze personnes notables, de littérature & d'expérience en fait de Librairie & Imprimerie, qui seroient nommées d'office par le Procureur-Général, seroient ouies, pour donner leur avis sur la commodité ou incommodité que le public peut recevoir de l'exécution du contenu auxdits articles. Ce qui donna lieu à cette suspension fut une opposition formée à l'homologation de ces nouveaux Statuts par les Recteur, Doyen & Suppôts de l'Université de Paris, qui prétendoient que ses droits avoient été anéantis, & qu'elle

Arrêt du 7 Septembre 1650.

qu'elle n'avoit point été appellée, lors de la vérification de ces Réglemens. Cette contestation n'a point été terminée, ou du moins, nous n'avons pu découvrir quel en a été le jugement.

Dans cet intervalle le Roi donna des Lettres-Patentes, le 10 Décembre de la même année 1649, portant défenses à tous Imprimeurs & Libraires d'imprimer aucuns Livres sans permission du grand Sceau, & ordonna que si plusieurs ont obtenu permission pour le même Livre, le premier en date soit préféré; & les mêmes Lettres-Patentes portent, qu'on ne pourra obtenir des Lettres de continuation, que la durée du premier privilége ne soit expirée.

Ces Lettres-Patentes donnerent lieu à une nouvelle assemblée de la Communauté des Libraires : elle se tint le 28 Janvier 1650, & on arrêta dans cette assemblée, de n'imprimer ni contrefaire les pieces les uns des autres, dont ils auroient eu permission verbale ou par écrit.

Par une autre délibération du 27 Août de la même année, elle arrêta encore, que ceux qui obtiendroient des priviléges ou continuation de priviléges, même pour les Livres anciens ou imprimés hors du Royaume, en jouiroient paisiblement.

Cependant, Messieurs, on instruisoit le procès entre la Communauté des Imprimeurs & l'Université, sur l'opposition formée au Réglement du mois de Décembre 1649, & dans une assemblée du 17 Mars 1650, il fut rédigé un projet de nouveaux articles, au nombre de dix, pour tous les cas qui n'avoient pas été prévus dans ce nouveau Réglement, & nous voyons dans ce nouveau projet que l'article X contient, que tous Libraires qui obtiendront prolongation de privilége, ou privilége d'un ancien Livre, même des Livres qui auront été imprimés hors du Royaume, seroient tenus de donner un certain nombre d'exemplaires, pour subvenir aux affaires de la Communauté & à la nécessité des pauvres d'icelle, & ce, pour une fois seulement, à chaque obtention ou prolongation de privilége.

Ces nouveaux articles furent également contestés par l'Université; & lors de la vérification de l'Edit de 1649, il fut pareillement ordonné que les douze Notables qui devoient être nommés en vertu de l'Arrêt, donneroient pareillement leur avis sur le nouveau projet d'articles, ensemble sur la Déclaration du 20 Décembre 1649: cette date du 20 est une erreur dans l'imprimé, car il n'y en a point à cette époque: il falloit imprimer, celle du 10 Décembre : ce sont les Lettres-Patentes dont nous venons de rendre compte.

Nous avons eu l'honneur de vous observer que cette contestation n'a point été terminée; & par conséquent, le Réglement concernant la liberté des priviléges sur les Livres anciens, n'a reçu son exécution que par l'usage, & non en vertu de la Loi. Pour prouver cet usage, les Libraires de Paris invoquent quinze Jugemens confirmatifs de leurs Délibérations, qui ont été rendus dans le cours de quatre années, soit en confisquant les Livres contrefaits, soit en maintenant les continuations des priviléges contestés. La Cour elle-même ne parut point s'écarter de cette Jurisprudence : elle se contenta de défendre d'obtenir aucune continuation de privilége, à moins qu'il n'y eut augmentation du quart. Cet Arrêt est rendu le 7 Septembre 1654, entre les Communautés des Libraires de Paris & ceux de Rouen: mais nous ne voyons point à quelle occasion ce Réglement a été fait.

Les choſes ſont reſtées en cet état juſqu'en l'année 1665, qu'il fut enjoint à la Communauté par M. d'Ormeſſon, de la part de M. le Chancelier, de propoſer des moyens capables de mettre fin à tous les procès qu'occaſionnoient les privileges, & continuations des privileges entre les Libraires de Paris & ceux des Provinces.

A cette époque il s'étoit élevé un procès au Conſeil entre Joſſe, Libraire de Paris, en vertu d'une continuation de privilége, à l'occaſion d'une ſaiſie faite ſur Malaſſis, Libraire de Rouen; cette ſaiſie avoit pour objet les *Méditations de Beuvelet*, dont l'ouvrage avoit été contrefait par Malaſſis. Joſſe demandoit au Conſeil la condamnation de l'amende de 6000 liv. prononcée par le privilége; la Communauté des Libraires de Paris intervint pour Joſſe, & demanda que les continuations de priviléges fuſſent maintenues, & qu'il fut permis d'en obtenir.

La Communauté des Libraires de Rouen, celle de Lyon & quelques Libraires de Paris intervinrent pour Malaſſis, & demanderent que les continuations de priviléges fuſſent ſupprimées; nous voyons que les Libraires de Paris produiſirent quatre-vingt-dix-ſept continuations de priviléges qu'ils avoient obtenu depuis 1641 juſqu'en 1665.

Sur cette conteſtation il intervint un Arrêt en forme de réglement général pour toute la Librairie du Royaume concernant les priviléges & les continuations de priviléges: il eſt indiſpenſable de vous en remettre le diſpoſitif ſous les yeux.

Le Roi en ſon Conſeil faiſant droit ſur l'inſtance, ſans s'arrêter à l'intervention & oppoſition des Maîtres & Gardes des Imprimeurs & Libraires de Rouen & de Lyon, ordonne que les lettres de continuation de priviléges obtenues par Joſſe ſeront exécutées ſelon leur forme & teneur; fait défenſes à toutes perſonnes d'y contrevenir ſur les peines portées par icelles, & pour y avoir par ledit Malaſſis contrevenu, déclare les exemplaires contrefaits du Livre intitulé *Méditations Chrétiennes & Eccléſiaſtiques*, ſaiſis en vertu de Lettres du grand ſceau du dernier Mars 1664, & mentionnés au Procès-verbal du 9 Avril enſuivant, & autres en quelques lieux qu'ils ſe trouvent, acquis & confiſqués au profit dudit Joſſe, le condamne aux dommages-intérêts, & dépens de l'inſtance liquidés à la ſomme de 600 liv. ſans autres dépens; lui fait défenſes de récidiver ſous plus grandes peines, l'a déchargé de grace de l'amende portée par leſdites Lettres pour cette fois ſeulement.

Ordonne Sa Majeſté que la Déclaration du 20 Décembre 1649, & Arrêt du Conſeil du 14 Août 1663, ſeront exécutés ſelon leur forme & teneur, & iceux interprétant que les Lettres de permiſſions & privilége ci-devant obtenues par les Marchands Libraires de Paris, Lyon, Rouen, Bordeaux, Toulouſe & autres Villes, d'imprimer ou réimprimer ſeront exécutées ſelon leur forme & teneur, tant pour les Livres qu'ils ont imprimé ou commencé d'imprimer, que pour ceux qui reſtent à imprimer, à la charge d'en commencer l'impreſſion dans ſix mois, ſinon déchus, &c.

Comme auſſi à la charge que leſdits Imprimeurs & Libraires qui ont obtenu ou obtiendront ci-après des Lettres de privilége, & continuation d'icelles employeront de beau papier, de beaux caracteres, &c.

Et pour empêcher l'impreſſion des Livres contraires à la Religion

Catholique, au ſervice de Sa Majeſté & au bien de l'Etat, fait défenſes à toutes perſonnes d'imprimer aucun Livre nouveau ſans Lettres-Patentes ſcellées du grand ſçeau, conformément à la Déclaration de 1626, ſous les peines portées par icelles, même aucuns des anciens Auteurs, encore qu'il n'y ait rien d'ajouté au texte, Gloſes ou Commentaires, ſans permiſſion du Juge Royal, dans le reſſort duquel leſdits Imprimeurs ſeront domiciliés, à peine d'être procédé contre eux extraordinairement.

Ordonne que ceux qui auront obtenu des Lettres de priviléges, & voudront en obtenir des continuations pour ſe récompenſer de leurs avances, frais & travail ou autrement, ſeront tenus de ſe pourvoir pardevant Sa Majeſté, pour cet effet, un an avant l'expiration deſdites Lettres, leur fait, Sa Majeſté, défenſes d'en demander ni obtenir après ledit temps paſſé, enſemble de demander aucunes Lettres de priviléges ou continuation pour imprimer les Auteurs anciens, à moins qu'il n'y ait augmentation ou correction conſidérable, ſans que pour ce ſujet il ſoit défendu aux autres d'imprimer les anciennes éditions non augmentées ni revues; & en cas qu'elles ſoient obtenues, ci-après demeureront nulles.

Ordonne que ceux qui auront obtenu des Lettres de privilége ou continuation, ſeront tenus de les faire ſignifier aux Syndics des Libraires de Paris qui ſeront tenus d'en tenir un regiſtre particulier pour y avoir recours, &c.

Ordonne néanmoins que pour les continuations de priviléges ils ſeront tenus de les faire ſignifier aux Syndics, Adjoints ou Maîtres & Gardes des Libraires de Lyon, Rouen, Toulouſe, Bordeaux & Grenoble ſeulement, afin que nul n'en prétende cauſe d'ignorance, & ne puiſſe imprimer & contrefaire leſdits Livres ſous prétexte de l'expiration du premier privilége, enjoint Sa Majeſté aux Syndics, Adjoints & Maîtres & Gardes de tenir la main à l'exécution du préſent Arrêt, & d'empêcher qu'il n'y ſoit contrevenu, à peine d'en répondre en leur propre & privé nom; à cet effet les Livres dont on aura obtenu privilége, ne pourront s'imprimer ailleurs que dans les Villes où demeureront les Libraires qui auront obtenu leſdits priviléges ſous peine de confiſcation des exemplaires qui ſe trouveront avoir été imprimés dehors, de nullité deſdits priviléges & de 3000 liv. d'amende, & ſervira le préſent Arrêt de réglement général nonobſtant l'Arrêt du Parlement de Paris du 7 Septembre 1657, & tous autres Réglemens & Arrêts à ce contraires, & en cas de contravention permet, Sa Majeſté, d'aſſigner les Contrevenans au Conſeil en vertu du préſent Arrêt. Fait au Conſeil, &c.

Ce nouveau réglement contient, comme vous le voyez, deux diſpoſitions, la premiere concerne Joſſe & Malaſſis. Joſſe fut maintenu dans la jouiſſance de la continuation de ſon privilége, Malaſſis fut condamné aux dépens; ſes feuilles d'impreſſion confiſquées, il fut condamné aux dommages & intérêts de Joſſe, liquidés à 600 liv. il lui fut fait défenſes de récidiver ſous plus grandes peines, & par grace ſeulement, il fut déchargé de l'amende portée par les Lettres de continuation de privilége.

Quant aux demandes reſpectives des Communautés, le même Arrêt forme un réglement général pour toute la Librairie, concernant les Priviléges & continuation de priviléges. Voici les principaux objets de ce Réglement.

Premierement le Roi confirme tous les priviléges ci-devant accordés, à la charge de commencer l'impression dans six mois, de ceux qui n'avoient point encore été imprimés.

En second lieu, le Roi veut que ceux qui ont obtenu ou obtiendront des Lettres de priviléges ou de continuation, soient tenus d'employer de bon papier & de beaux caracteres.

Troisiemement, le Roi défend d'imprimer aucuns Livres nouveaux sans une permission scellée du grand sceau.

Quatriemement, il défend d'imprimer aucun ancien Auteur sans permission du Juge Royal du ressort.

Cinquiemement, il ordonne que pour obtenir une continuation de privilége pour les Livres nouveaux, on se pourvoira un an avant l'expiration des premieres.

Sixiémement, le Roi défend de demander aucun privilége pour imprimer les Auteurs anciens, à moins qu'il n'y ait une augmentation considérable.

Septiemement, il permet aux autres Imprimeurs d'imprimer les anciennes éditions qui ne sont ni revues ni augmentées.

Huitiémement, il ordonne que toutes les Lettres de priviléges seront inscrites sur le Livre de la Communauté des Libraires de Paris, & cet enregistrement tiendra lieu de signification desdits priviléges.

Neuviémement, il ordonne que les continuations de priviléges seront signifiées aux Syndics & Adjoints des Libraires de Lyon, Rouen, Toulouse, Bordeaux & Grenoble seulement, afin que nul n'en puisse prétendre cause d'ignorance.

Dixiémement, il ordonne que les Livres, dont on aura obtenu privilége, ne pourront s'imprimer par d'autres à peine de trois mille livres d'amende.

Onziémement enfin, cet Arrêt doit servir de réglement général nonobstant l'Arrêt de la Cour de 1647, & tous autres Réglemens & Arrêts à ce contraires.

Ce réglement fut exécuté tant que le Chancelier Séguier fut à la tête de la Librairie, il fut même renouvellé par un Arrêt du Conseil du 11 Septembre 1665, qui confirma celui du 27 Février de la même année; on chercha néanmoins à en éluder l'exécution, le réglement de 1665 porte, que les continuations de priviléges seront demandées un an avant l'expiration du précédent, & défend en même temps de demander des priviléges pour les Auteurs anciens, à moins qu'il n'y eût une augmentation considérable. On imagina de qualifier d'Auteurs anciens des Auteurs dont les ouvrages étoient nouveaux. Léonard, Libraire à Paris, avoit un privilége pour les Œuvres de saint François-de-Sales. Martin, Libraire de la même Ville, fit imprimer ces mêmes ouvrages. Léonard, en vertu de la continuation de son privilége, fit saisir Martin; en conséquence il y eut une instance au Conseil. La Communauté des Libraires de Paris intervint dans la contestation; mais par Arrêt du Conseil du 12 Mai 1671, sans s'arrêter à l'intervention des Syndics la saisie fut déclarée bonne & valable, & par une conséquence nécessaire les Œuvres de saint François - de - Sales furent regardées comme un Livre nouveau.

Cet Arrêt ne fut pas suffisant pour terminer la contestation au sujet des Œuvres de saint François - de Sales; les Libraires voulurent faire envisager que ces Œuvres étant devenues publiques l'impression en étoit acquise à tous les Imprimeurs: on présenta une Requête en conséquence, les Libraires de Rouen, de Bordeaux & de Toulouse, intervinrent avec la Communauté des Libraires de Paris, & tous réunis ils demanderent la cassation de l'Arrêt du 12 Mai 1671.

Le prétexte dont on appuyoit cette demande étoit que les Œuvres de saint François-de-Sales avoient été mises en meilleur langage, & sous ce point de vue on avoit obtenu un privilége. Les Religieuses de la Visitation de Sainte Marie, dont saint François-de-Sales est le Fondateur, avoient obtenu un privilége pour l'impression de ces Œuvres, elles avoient cédé ce nouveau privilége à Léonard à Paris, elles se pourvurent au Conseil & demanderent que le privilége de Martin fut révoqué, & malgré le prétexte d'une nouvelle rédaction des Œuvres de saint François de Sales, il intervint le 19 Juin un Arrêt du Conseil qui ordonna le rapport du privilége, & fit défense d'en faire usage.

A cette époque le Chancelier Seguier mourut en 1672, les Libraires crurent que le moment étoit venu de s'affranchir du dernier Réglement. Le Roi tenoit alors les Sceaux, & les garda jusqu'en 1674, qu'il les remit à Etienne d'Aligre, second du nom, alors Chancelier de France. Le Roi avoit nommé une Commission pour la Librairie, composée de six Conseillers d'Etat & de trois Maîtres des Requêtes. Les Libraires de Rouen, de Lyon & même la Communauté de Paris firent les plus grands efforts pour établir la liberté de l'impression des Livres dont il s'agit; & ce qu'il y a d'étonnant, c'est que les Syndic & Adjoints employerent alors les mêmes moyens qu'on emploie aujourd'hui contr'eux, ils adopterent le même systême malgré le résultat du Corps assemblé qui étoit convenu, que chaque particulier jouiroit des priviléges & continuation de priviléges qu'ils avoient obtenus. Toutes ces raisons furent impuissantes, il intervint, le 31 Juillet 1673, un Arrêt définitif au Conseil, qui, sans s'arrêter à la Requête des Libraires de Bordeaux, Toulouse & Rouen, déboute le nommé Martin & les Syndic & Adjoints des Libraires de Paris de leur demande en cassation d'Arrêts du Conseil des 12 Mai & 19 Juin 1671; en conséquence maintient & garde ledit Léonard dans le privilége d'imprimer les Œuvres de saint François-de-Sales accordées par Lettres du 10 Juin audit an, fait défense d'y contrevenir, condamne Martin & les Syndic & Adjoints en l'amende de 300 liv. envers le Roi, & en 150 liv. envers ledit Léonard & en tous les dépens; au surplus, ordonne que les Syndic & Adjoints seront ouis pardevant lesdits Commissaires pour être procédé à un Réglement.

Cet Arrêt décide que le premier privilége accordé à Léonard étant expiré, il en avoit pu obtenir la continuation, & en effet elle lui avoit été accordée pendant le cours même de l'instance, elle avoit pris naissance en 1670, & le second se trouve daté dans l'Arrêt même du

10 Juin 1671 ; mais comme cette question se renouvelloit souvent, on crut qu'il falloit faire un Réglement précis, & le Roi l'ordonna par ce même Arrêt; mais il ne paroît pas qu'il en ait été question.

On fit cependant des tentatives sous le Chancelier d'Aligre, & sous le Chancelier le Tellier; on présenta des Requêtes pour faire rapporter des continuations de priviléges, & ces tentatives n'eurent aucun succès; entr'autres, Muguet, Imprimeur & Libraire à Paris, ayant obtenu plusieurs continuations de priviléges pour l'impression des Œuvres de saint Augustin, les Libraires de Lyon ayant formé opposition à ces continuations de privilége, le Roi, par un Arrêt du 21 Novembre 1678, en ordonna l'exécution.

Les contestations se multipliant à l'infini, le Chancelier Boucherat sentit la nécessité de publier un Réglement qui put servir de regle à l'avenir, & qui devint une Loi générale pour tout le Royaume.

C'est dans cette vue que le Roi fit publier les Edits du mois d'Août 1686, concernant, l'un, les Libraires & Imprimeurs, & l'autre les Relieurs & Doreurs de Paris.

Il nous a paru, on ne peut pas plus extraordinaire, que sur le fondement de ce qui est porté dans un ancien Mémoire de l'Université, contre les Libraires, on ait voulu révoquer en doute l'authenticité de ces Edits, & celle de leur enregistrement.

Dans une Note qui se lit dans une petite Brochure, intitulée, *Indication par ordre des Dates*, on voit qu'il est dit dans ce Mémoire de l'Université:

On a sommé plusieurs fois juridiquement les Syndic & Adjoints de représenter l'original de l'Edit du Roi pour le Réglement des Imprimeurs & Libraires, & celui des Relieurs & Doreurs, registrés en Parlement les 21 Août & 7 Septembre 1686. Sur leurs refus & sur leur silence, on a feuilleté inutilement les Registres du Parlement : ensuite on a prié, & même invité, par acte du 24 Décembre dernier, (lors dernier) le sieur Dutillet, Greffier en chef, d'en donner des extraits, & il a déclaré, par acte du même jour, que les prétendus Réglemens ne sont point enregistrés.

Cette assertion présentée dans un Mémoire de l'Université, distribué en la Cour, appuyée du témoignage de M. Dutillet, alors Greffier en chef, répétée dans un Imprimé anonyme fait pour le moment actuel, nous a paru d'une importance d'autant plus grande qu'on pouvoit peut-être y ajouter foi, & pour dissiper tous les doutes à cet égard, nous avons voulu nous assurer par nous-mêmes de la vérité de leur enregistrement. Non-seulement ils ont été enregistrés en la Cour, mais ils ont été même transcrits sur les Registres de la Chambre Syndicale de Paris. On lit dans les Registres de la Cour, Edit du Roi pour les Imprimeurs & Libraires de Paris. Il contient 69 articles, il commence par ces mots, *les Rois nos prédecesseurs*, il est écrit depuis le folio 113 recto, jusqu'au folio 134 recto, & l'Arrêt d'enregistrement du 21 Août 1686 est sur le folio 164 verso, du Registre qui contient lesdits enregistremens.

Il en est de même de l'Edit de la même année pour le Réglement des Relieurs & Doreurs de Livres, qui contient 18 articles, & qui commence par ces mots : *Quoique la profession*, &c. Il est écrit depuis le folio 162 verso, jusqu'au folio 170 verso, l'Arrêt d'enregistrement est du 7 Septembre 1686, au folio 183 recto, du Registre qui les contient.

Non-seulement ces deux Edits ont été enregistrés en la Cour, mais ils ont été transcrits sur les Registres de la Chambre Syndicale. Nous trouvons à la date du 10 Janvier 1687, que la Communauté ayant été assemblée en la maniere accoutumée, les Syndic & Adjoints ont dit qu'ils ont reçu des mains de M. de la Reynie, Lieutenant-Général de Police, l'original desdits Edits, avec ordre de les faire exécuter, à l'effet de quoi, pour obéir aux ordres du Roi, ils l'ont fait transcrire sur le Livre de la Communauté, & fait lecture en pleine assemblée, & icelui fait imprimer pour le rendre public, déclarant qu'il en seroit distribué des exemplaires gratis à tous les Maîtres de la Communauté. Ce procès-verbal, Messieurs, est signé de cent deux Libraires ou Imprimeurs de la ville de Paris. Après une si grande publicité, est-il possible de révoquer en doute la réalité des deux Edits, & celle de leur enregistrement?

Ce fait ainsi constaté, voyons ce que porte cet Edit. Le Roi, dans le préambule de cet Edit, dit: que les Rois ses prédécesseurs ont fait plusieurs Ordonnances & Réglemens touchant l'Imprimerie & le commerce des Livres, que par ce moyen les impressions faites en ce Royaume, ont été portées à un tel degré de perfection, qu'elles ont été estimées & recherchées par-dessus toutes les autres, jusqu'au dernier temps que des personnes sans capacité & sans expérience ont été admises à faire la profession d'Imprimeur & de Libraires, d'où il est arrivé plusieurs grands désordres qui ont été préjudiciables à l'Etat, à quoi voulant remédier & rétablir la perfection de l'Imprimerie, sur-tout en sa bonne Ville de Paris, où les professions d'Imprimeurs & Libraires ont été si florissantes, & où le rétablissement est d'autant plus nécessaire, qu'il peut être utile à la Religion, & un des principaux moyens dont on puisse se servir pour accroître, orner & conserver les Sciences & les Beaux-Arts. A ces causes, &c.

Ainsi, Messieurs, les motifs de cette loi sont la perfection de l'Imprimerie dégénérée dans le Royaume par l'incapacité de ceux qui ont été reçus à la profession d'Imprimeurs & de Libraires. Le Commerce des Livres qu'il faut rétablir, l'utilité que la Religion peut retirer des Livres imprimés: enfin, l'accroissement & la conservation des Sciences & des Beaux-Arts. C'est dans cette vue que le Roi a divisé en quinze titres différens tout ce qui peut avoir rapport à l'Imprimerie; mais nous ne choisirons, dans tous ces titres, que ceux qui ont trait au Réglement de 1777. Nous en traiterons deux en particulier; le premier est le titre 6, concernant la réception des Maîtres Imprimeurs & Libraires.

Le second, c'est le titre 14, qui traite des priviléges & continuation d'iceux pour l'impression des Livres. Parcourons l'un & l'autre de ces deux titres:

Les deux premiers articles du titre 6 rappellent les qualités requises & les formalités à observer pour être reçu Maître Libraire ou Imprimeur. Ce sont les mêmes conditions que celles qui avoient été prescrites par les anciennes Ordonnances & Réglemens. Mais l'article 40 de

Lettres-Patentes de François Ier, de 1541, 28 Décembre.

l'Edit, qui eſt le ſecond du titre des Réceptions, impoſe au Récipiendaire une condition nouvelle.

A condition néanmoins, dit cet article, par l'aſpirant à la Maîtriſe, de mettre ès-mains du Syndic la ſomme de 300 liv. pour être employée entiérement aux affaires de la Communauté, & dont le Syndic ſera tenu de ſe charger dans ſon compte.

C'eſt pour la premiere fois, Meſſieurs, que nous trouvons dans les Ordonnances & Réglemens une ſomme déterminée à payer par les aſpirans à la Maîtriſe. Celle de 300 liv. fixée par cet article, regarde les Compagnons qui veulent ſe faire recevoir Maîtres.

L'article ſuivant concerne les fils de Maîtres qui ſeront reçus, & ils ne doivent payer que la ſomme de 100 liv. ſeulement, toujours pour les affaires de la Communauté.

L'article 42 regle ce qui ſera payé par les Compagnons qui épouſeront la veuve ou la fille d'un Maître, & ils ne mettront entre les mains du Syndic que la ſomme de 30 liv. toujours pour les affaires de la Communauté.

Voilà donc une gradation établie par cette Loi. Les apprentifs ſimples paient 300 liv., les fils de Maîtres 100 liv. & les Compagnons qui épouſent la veuve ou la fille d'un Maître, ne doivent payer que 30 liv. Cette diminution du droit de Maîtriſe paroît juſte & raiſonnable dans ces trois cas, & elle eſt encore plus juſte à l'égard de celui qui épouſe la veuve, parce que cette veuve avoit droit d'exercer la profeſſion en cette qualité, &c.

Le titre des priviléges & continuation d'iceux, pour l'impreſſion des Livres, ne contient que trois articles.

Le premier eſt ainſi conçu;

Défendons à tous Imprimeurs & Libraires de contrefaire les Livres pour leſquels il aura été accordé des priviléges ou continuation de priviléges, de vendre & débiter ceux qui ſeront contrefaits, ſous les peines portées par leſdits priviléges, qui ne pourront être modérés ni diminués par les Juges; & en cas de récidive, les contrevenans ſeront punis corporellement & ſeront déchus de la Maîtriſe.

L'article ſuivant renouvelle la prohibition d'imprimer aucuns Livres ſans permiſſion; cet article s'exprime ainſi: Aucun Libraire ou Imprimeur ne pourra imprimer ou faire imprimer aucuns Livres ſans Lettres-Patentes ſignées & ſcellées du grand ſceau.....

Et ſera fait mention deſdites Lettres au commencement ou à la fin deſdits Livres; ne pourront être leſdits Livres imprimés qu'au lieu de la réſidence des Libraires qui les auront obtenues, encore bien qu'ils euſſent cédé & tranſporté le privilége, & en cas de contravention, leſdits Livres imprimés hors le lieu de la réſidence, pourront être imprimés, vendus & débités par tous autres Libraires, comme s'il n'y avoit point de priviléges.

Enfin l'article 65 détermine les impreſſions qui pourront être faites indifféremment par tous les Imprimeurs du Royaume, ſans obtenir de Lettres de priviléges.

Telle eſt, Meſſieurs, la derniere Loi qui ait été promulguée ſur le fait de la Librairie; elle établit, comme vous l'avez vu, une ſorte de nouveau droit. En premier lieu, elle fixe les ſommes qui ſeront payées à chaque réception, & quelque modiques que soient ces sommes, elles étoient jusqu'alors inconnues.

En second lieu, elle autorise les priviléges & continuations de priviléges, elle punit les contrefaçons par des amendes rigoureuses, & en cas de récidive, elle prononce une punition corporelle avec déchéance de la Maîtrise.

En troisieme lieu, elle renouvelle les défenses d'imprimer aucuns Livres quelconques sans permission du grand sceau, & cette permission doit se trouver au commencement ou à la fin desdits Livres Imprimés.

En quatrieme lieu, elle veut, comme les anciens Réglemens l'ordonnoient, que les Livres soient imprimés au lieu de la résidence des Libraires qui auront obtenu les priviléges, encore bien qu'ils eussent cédé & transporté ledit privilége; ce qui, par conséquent, en autorise la cession & le transport, & nous observerons à cet égard que c'est la premiere fois qu'il est question dans les Réglemens de la Librairie de cession & de transport.

Enfin, en cas de contravention, elle permet à tout Libraire d'imprimer comme s'il n'y avoit point eu de priviléges.

Cette Loi, Messieurs, n'étoit donnée que pour les Libraires de Paris; les Libraires de Lyon obtinrent de même un Réglement en 1695, enregistré en la Cour le 7 Février 1695; & les articles 58 & 59 de ce Réglement portent les mêmes défenses d'imprimer aucuns Livres sans Lettres-Patentes du grand sceau, & des défenses de contrefaire les Livres pour lesquels il auroit été accordé des Lettres de privilége & continuation de priviléges. Ces nouvelles Loix contirent pendant quelque-temps les Libraires de Paris & ceux des Provinces; mais il s'éleva bientôt de nouvelles difficultés, & on fut encore obligé d'avoir recours à l'autorité Royale.

Ces difficultés portoient principalement sur l'étendue des droits à payer; elles furent levées par des Lettres-Patentes dressées par M. de Ponchartrain, qui avoit succédé au Chancelier Boucherat; elles ont été données à Fontainebleau le 2 Octobre 1701, & registrées en la Cour le 7 Janvier 1702.

Par l'article premier, il est défendu à tous Libraires & Imprimeurs d'imprimer ou réimprimer aucun Livre sans permission du grand sceau.

Par l'article 2, il est dit: qu'aucun Imprimeur ne pourra imprimer ou réimprimer aucuns Livrets sans avoir obtenu permission des Juges de Police des lieux, & sans une approbation de personne capable..... Sous le nom de Livrets, ne pourront être compris que les Ouvrages dont l'impression n'excédera pas la valeur de deux feuilles en caractere dit *Cicéro*.

L'article 3 fixe les sommes qui seront payées pour obtenir des Lettres; il porte: quand les permissions portées par Lettres scellées du grand sceau contiendront un privilége général & défense à tous autres, il sera payé, pour lesdites Lettres, les sommes accoutumées & portées par les tarifs des droits de sceau; & en vertu desdites Lettres, ils pourront s'associer pour l'impression & débit des Ouvrages, tels autres Imprimeurs demeurans dans le Royaume qu'il leur plaira choisir, nonobstant toutes dispositions précédentes à ce contraires, auquel nous avons dérogé à cet égard.

L'article 4 ajoute : que si les Lettres ne portent qu'un privilége local, il sera payé le tiers desdites sommes.

L'article 5 va plus loin : si lesdites permissions ne contiennent aucuns priviléges ou défenses, il ne sera payé, pour lesdites Lettres, que la somme de 5 liv. pour tout droit général, & y compris le parchemin & l'écriture.

Enfin, l'article 6 prononce qu'aucuns Livres ou Livrets ne pourront être imprimés sans y insérer la copie entiere, tant de la permission que de l'approbation.

Ces Lettres-Patentes ont été enregistrées en la Cour, & copies collationnées en a été envoyée aux Bailliages & Sénéchaussées du ressort, pour y être lues, publiées & registrées.

Ces nouvelles Lettres-Patentes, en fixant, comme vous l'avez vu, le tarif des permissions, établissoient encore un droit jusqu'alors inconnu dans tous les Réglemens. Ces droits étant fixés par le tarif du sceau, nous ignorons à combien se monte le tarif ; mais les sommes doivent être modiques, puisque, pour une permission simple, il ne devoit être payé que 5 liv. pour tous droits, y compris le parchemin & l'écriture ; ces Lettres-Patentes établissent encore une nouvelle faculté. C'est celle donnée à tout Imprimeur qui aura obtenu des Lettres de s'associer pour l'impression & le débit des Ouvrages, tel Imprimeur & Libraire qu'il jugeroit à propos ; & en cela, elles dérogent expressément aux anciens Réglemens, qui vouloient que les Ouvrages fussent imprimés dans le lieu du domicile du Libraire qui avoit obtenu le privilége.

Ces Lettres-Patentes enlevoient en outre aux Juges de Provinces la faculté de donner des permissions pour les Auteurs anciens ou pour ceux dont les priviléges étoient expirés.

Les Libraires de Lyon firent à ce sujet les plus vives représentations ; ils reçurent une réponse de M. de Ponchartrain ; elle contenoit que les Libraires des autres Villes du Royaume ne s'étoient pas plaints de cet Arrêt de Réglement ; que bien loin de produire la diminution du Commerce, il ne pouvoit que contribuer à le rendre plus florissant, puisqu'il avoit pour objet d'empêcher toutes les malversations ; ainsi, écrivoit M. le Chancelier, vous n'avez point à vous plaindre de cet Arrêt, pendant que tous les autres reconnoissent qu'il leur est avantageux ; il faudroit au moins, pour vous faire écouter favorablement, que vous vous distinguassiez par une régularité singuliere dans l'exécution de tous les anciens Réglemens, dont vous ne vous plaignez pas ; mais bien loin de cela, il n'y a pas de Ville dans le Royaume où on les viole plus impunément, & où l'on commette plus de contraventions que dans la vôtre ; j'en reçois tous les jours de nouvelles plaintes que vous ne pouvez ignorer. Travaillez à réparer sur cela votre réputation, corrigez-vous des déréglemens qui se sont glissés parmi vous dans ce genre ; & quand vous aurez rétabli la regle & le bon ordre, & que j'aurai lieu d'être content de vous là-dessus, je modérerai quelque chose en votre faveur de la rigueur de la Loi, & je trouverai moyen de vous donner satisfaction. Cette lettre, Messieurs, est du 6 Décembre 1702 ; elle ſembloit annoncer un nouveau Réglement ; il étoit réſervé à M. d'Agueſſeau de préparer cette Loi nouvelle. Elle fut long-temps méditée, & parut enfin en 1723.

Ce Réglement peut être regardé comme le Code entier de la Librairie. On y a rappellé les déciſions éparſes dans les anciennes Ordonnances, & il réunit tout ce qui avoit été preſcrit par les anciens Réglemens. Nous allons entrer dans le détail des différentes diſpoſitions que ce Réglement renferme.

Dans le préambule, le Roi dit : « Que s'étant fait repréſenter ſa Décla» ration du 10 Décembre 1720, contenant Réglement pour la Librairie » & Imprimerie de Paris » (nous n'avons point rendu compte de cette Déclaration, parce qu'elle n'a jamais été publique, comme vous allez le voir). « Le Roi étant informé qu'encore que ce Réglement (de 1720) » eut été compoſé avec un grand ſoin ; cependant lorſqu'il fut porté à ſon » Parlement pour y être enregiſtré, il s'y trouva matiere à pluſieurs obſer» vations qui ont paru judicieuſes, & mériter qu'il fût apporté quelques » changemens à un grand nombre d'articles ; que d'ailleurs, de nouveaux » abus ſe ſont introduits ; qu'il faut y remédier, & prévenir ceux qui » pourroient s'introduire à l'avenir. Sa Majeſté auroit donc jugé à propos » de retirer ſa Déclaration, & de faire travailler à la réformation dudit » Réglement, lequel ayant été de nouveau apporté & approuvé, il ne reſte » plus qu'à le revêtir de ſon autorité, pour lui donner une pleine exé» cution ».

Après cet expoſé, le Réglement contient 123 articles, renfermés dans 16 titres. Nous ne vous rendrons compte, Meſſieurs, que du titre 6, qui concerne les réceptions, & du titre 15, qui traite des priviléges & continuations de priviléges.

Commençons par les réceptions (1).

L'article 45 fixe le prix pour un Aſpirant à la Librairie à la ſomme de 1000 liv. ; & s'il vient enſuite à ſe faire recevoir à la maîtriſe de l'Imprimerie, il payera en outre la ſomme de 500 liv. ; & celui qui ſe fera recevoir tout-à-la-fois Imprimeur & Libraire payera la ſomme de 1500 liv., laquelle ſera employée aux affaires de la Communauté ; & en cette ſomme ne ſont point compris les jettons qu'on donne pour droits de préſence aux Syndic & Adjoints, & à chaque ancien.

Les Fils de Maître ſont traités plus favorablement : ils ne ſont tenus de payer pour la réception à la Librairie que 600 liv ; & s'ils ſont admis

(1) Le Parlement, par ſon Arrêt du 26 Mai 1615, avoit aſtreint les Apprentifs à payer 20 liv. pour les affaires de la Communauté quand ils ſe feroient recevoir Maîtres. Les fils de Maîtres n'étoient ſujets à aucune contribution.

Par le Réglement de 1618, art. 6, les Compagnons payoient 60 liv.

Par le Réglement de 1649, art. 8, les Compagnons payoient 300 liv.

Par celui de 1686, les fils de Maîtres, 100 liv. ; les gendres, comme ceux qui épouſeront des Veuves, 30 liv. ; les Compagnons 300 liv.

Par la Déclaration du 11 Septembre 1703, regiſtrée au Parlement le 6 Octobre, la réception des Compagnons eſt portée à 600 liv.

Par la Déclaration du 23 Octobre 1713, les gendres & ceux qui épouſeront des Veuves, payeront 100 livres, comme les fils de Maîtres.

par la suite à la maîtrise d'Imprimerie, ils payent en outre 300 liv., ou ces deux sommes réunies, c'est-à-dire, 900 liv., s'ils se font recevoir en même-temps Libraire & Imprimeur.

Les Compagnons qui, après avoir fini leur apprentissage, épousent la Fille ou la Veuve d'un Maître, doivent payer la même somme que les Fils de Maître, & dans la même progression, à la charge, par les Fils & les Gendres de Maîtres, d'observer les formalités prescrites pour leurs réceptions.

Le titre 15, concernant les priviléges & continuations de priviléges, est beaucoup plus étendu, & comprend 12 articles, dont voici l'analyse.

L'article 101, qui est le premier de ce titre, fait défenses d'imprimer aucuns Livres sans permission du grand Sceau.

L'article 102 renouvelle les défenses d'imprimer aucunes feuilles volantes & fugitives sans permission du Lieutenant-Général de Police, ou sans approbation.

L'article 103 porte, qu'aucuns Livres ou Livrets ne pourront être imprimés sans y insérer des copies entieres, tant des priviléges & permissions, que de l'approbation.

L'article 104 ordonne, que toutes les parties des Ouvrages seront approuvées; que l'impression sera conforme à la copie, & qu'à cet effet, le manuscrit ou exemplaire sera remis à M. le Chancelier, ou à M. le Garde des Sceaux.

L'article 105 prononce l'exécution des quatre articles précédens, à peine de déchéance des droits portés par les priviléges, & d'être procédé contre les contrevenans par confiscation d'exemplaires, amende, clôture de boutique, & autres plus grandes peines, s'il y échoit.

L'article 106, que les priviléges ou cessions de priviléges soient enregistrés tout au long sur le Registre de la Communauté, dans les trois mois du jour de l'obtention desdites Lettres, ou de cession d'icelles, à peine de nullité. Le même article ordonne le même enregistrement des permissions accordées pour l'impression des Livrets, & sous les mêmes peines. Il veut en outre que les Registres de la Communauté soient communiqués à toute réquisition; au moyen de quoi, est-il ajouté, lesdits priviléges & permissions seront censés avoir été suffisamment signifiés.

L'article 107 fait défenses d'imprimer hors du Royaume, à peine de confiscation & de 1500 liv. d'amende, applicable, moitié à l'Hôtel-Dieu, moitié à la Communauté.

L'article 108 porte, que tous les Libraires, Graveurs, & autres personnes, seront tenus de fournir huit exemplaires de Livres, Feuilles ou Estampes dont ils auront obtenu le privilége; savoir, trois exemplaires à la Communauté, deux au Garde de la Bibliothéque du Roi, un au Garde du Cabinet du Château du Louvre, un à la Bibliothéque de M. le Chancelier ou Garde des Sceaux, & un au Censeur qui aura examiné le Livre; le tout à peine de nullité des priviléges, de confiscation des exemplaires, & de 1500 liv. d'amende (1).

(1) M. le Directeur de la Librairie sur une de ces permissions que les nouveaux Arrêts l'autorisent de donner, a mis, *à la charge d'en donner un seul exemplaire à la*

Nous obſerverons à ce ſujet, qu'il nous eſt échappé, dans le compte que nous avons eu l'honneur de vous rendre des anciens Edits, que Louis XIII fut le premier qui, dans ſon Edit du mois d'Août 1617, ordonna qu'aucun privilége ne ſeroit expédié qu'à la charge de remettre deux exemplaires dans ſa Bibliothéque publique.

L'article 109 défend de contrefaire les Livres pour leſquels il aura été accordé des priviléges ou continuations de priviléges, ſous les peines portées par iceux, leſquelles ne pourront être modérées; & en cas de récidive, les contrevenans ſeront punis corporellement, & déchus de la maîtriſe.

L'article 110 déclare, qu'il n'y aura pas beſoin de privilége pour l'impreſſion des Factums, Mémoires, Requêtes, Billets d'enterremens, Pardons, Indulgences, Monitoires; & ſeront, leſdits Ouvrages, imprimés indifféremment par les Imprimeurs dont les Particuliers voudront ſe ſervir. Le même article ajoute les Uſages propres à chaque Diocèſe, que les Imprimeurs pourront imprimer, ſur les priviléges ſpéciaux qui auront été obtenus par les Evêques.

Par l'article 111, le Roi ordonne qu'aucun *Factum*, Requête ou Mémoire, ne pourra être imprimé que ſur la ſignature d'un Avocat inſcrit ſur le Tableau, ou d'un Procureur. Il décide de même que les Arrêts des Cours ne pourront être imprimés ſans permiſſion particuliere deſdites Cours, obtenue par Arrêt ſur Requête, à peine de 200 liv. d'amende pour la premiere fois, & de ſuſpenſion en cas de récidive. Il en exempte cependant les Arrêts de réglement, & ceux qui concernent l'ordre & la diſcipline publique, qui doivent être imprimés par les ſoins de ſes Procureurs Généraux, comme auſſi les Arrêts d'ordre & d'homologation de contrats deſtinés à être ſignifiés aux Parties.

Enfin par l'article 112, le Roi défend d'imprimer aucunes Cartes de Géographie, & autres planches ni explications étant au bas d'icelles ſans Privilége du grand ſceau ou permiſſion du Lieutenant Général de Police qui ſeront inſcrits ſur le Livre de la Communauté des Libraires.

Telle eſt, Meſſieurs, l'analyſe du réglement de 1723, & vous voyez qu'il eſt, pour ainſi dire, le réſumé de toutes les Ordonnances qui ont été publiées dans cette troiſiéme époque. C'eſt un tableau racourci de toutes les diſpoſitions, de tous les anciens réglemens, il les réunit toutes, & on y voit d'un coup d'œil les loix des deux ſiécles.

Ce réglement n'avoit été dans le principe que pour la ſeule ville de Paris, il étoit néanmoins deſtiné à devenir la regle uniforme de la Librairie dans tout le Royaume. Il fut publié au ſceau par M. d'Armenonville en 1723. Mais il n'en eſt pas moins l'ouvrage de M. le Chancelier d'Agueſſeau; auſſi a-t-il cru en devoir faire un réglement général, & par Arrêt du Conſeil du 24 Mars 1744, il a été déclaré commun à toutes les autres Villes du Royaume.

Bibliotheque du Roi. [Il eſt queſtion des Œuvres de Gæſner que l'on réimprime]. L'Editeur vient d'envoyer cet Exemplaire à la Chambre Syndicale qui a refuſé de le recevoir, parce qu'elle ne connoît aucune loi qui autoriſe cette réduction.

Le Réglement de 1723 en devenant ainsi la loi universelle de la Librairie, devoit en quelque sorte remédier à tous les abus, il s'éleva néanmoins de nouvelles difficultés, ou plutôt c'étoit toujours les mêmes qu'on renouvelloit, tantôt sous une forme, tantôt sous une autre, jusqu'à ce qu'enfin, pour prévenir ces désordres sans cesse renaissants, on demanda l'avis du Corps de la Librairie (1). Nous en trouvons trois, à trois époques différentes, & tous relatifs aux mêmes inconvéniens. Les deux premiers ont pour objet de ne pouvoir imprimer aucun ouvrage dont on ne put représenter le Privilége ou la Permission. Ils sont des 14 & 28 Mai 1772.

Le troisiéme est du 3 Mars 1773, & la Librairie demandoit qu'il fut fait défense de mettre sous presse aucun livre sous la simple approbation du Censeur avant d'avoir obtenu la permission d'imprimer.

Nous ignorons s'il est intervenu quelque réglement sur ces défenses demandées par le Corps de la Librairie; cependant rien ne paroissoit plus juste, & elles sont la conséquence de toutes les Ordonnances & des Réglemens antérieurs.

Tels ont été, Messieurs, les principes de l'administration, depuis Etienne d'Aligre premier du nom, Chancelier de France, au moment de l'établissement de l'Imprimerie, jusqu'au Chancelier de Lamoignon dernier décédé; & M. de Malesherbes premier Président de la Cour des Aides, devenu depuis Ministre, chargé par M. de Lamoignon son pere de veiller à la manutention de la Librairie dans tout le Royaume, s'étoit fait une loi de marcher sur les traces de M. d'Aguesseau, & de maintenir l'exécution du Réglement de 1723.

Tant que la direction de la Librairie a été entre les mains de ce Magistrat éclairé, il a cru devoir s'attacher principalement à faire fleurir cette partie de l'administration, si intéressante pour la Religion & pour l'Etat.

En consultant les intérêts du commerce, soit relativement à l'intérieur du Royaume, soit relativement aux Etrangers, il a respecté la législation qu'il a trouvé établie. Il se proposoit, il est vrai, d'y faire apporter quelque changement, mais la retraite d'un pere affoibli par l'âge ne lui a pas permis de mettre ce projet à exécution. Tant qu'il a été chargé de la Librairie, on n'a rien innové au Réglement de 1723, étendu à tout le Royaume en 1744, & les Lettres-Patentes de 1701, enregistrées en la Cour & envoyées à tous les Bailliages & Sénéchaussées du Ressort, ont continué à servir de tarif pour les droits du Sceau, sur l'obtention des priviléges ou des simples permissions.

Il étoit réservé à M. le Chancelier de Maupeou de mettre les fruits de l'esprit humain à contribution; les droits du Sceau avoient été jusque-là très-modiques. D'après l'article V des Lettres-Patentes de 1701,

(1) Ou la Librairie donne des avis sur les objets qui lui sont proposés, ou elle en envoye dans le Corps de la Librairie, d'après les ordres de la Chancellerie. Ceux dont il est question içi sont de cette derniere espece.

il ne devoit être payé, pour les priviléges, que les droits ordinaires du Sceau, de même pour une simple permission il n'étoit dû que 5 liv. pour tous droits, y compris le parchemin & l'écriture. Cependant, par un Arrêt du Conseil du 16 Mai 1773, il a été fixé différens droits nouveaux sur la faculté d'imprimer. Cet Arrêt impose 40 liv. de marc d'or sur les priviléges, & 12 liv. sur les permissions, ce qui fait une augmentation de plus du double sur ce dernier objet (1).

Ici finit le compte que vous nous avez demandé, & pour vous représenter le résultat de tout ce que nous venons d'avoir l'honneur de vous exposer, vous avez vu comment s'est établi insensiblement d'abord l'usage des permissions, ensuite la nécessité des priviléges. Dans le principe tout étoit libre, dans la suite on en a usé à l'égard des Imprimés, comme à l'égard des Manuscrits, & l'Imprimé en effet n'est qu'une espece de copie plus facile & plus prompte. Il étoit loisible à chacun de copier les Manuscrits; il fut de même permis de les imprimer, mais il faut en convenir, il n'y eut, lors de l'invention de l'Imprimerie, &, pour ainsi dire, dans le siecle qui a suivi cette découverte, que les Livres Saints, les Œuvres des Saints Peres, ou les Ouvrages de l'antiquité païenne, que l'on cherchât à multiplier par la voie de l'impression. C'est à cette facilité de multiplier les Ecrits, que les siecles suivans ont été redevables des connoissances les plus étendues, soit en matiere de Religion, soit dans toutes les Sciences. En un mot, c'est à l'Art de la Typographie que nous devons la renaissance des Lettres.

Les Livres imprimés furent assujettis à la même inspection que les Manuscrits; les uns & les autres ne purent se publier qu'après avoir été examinés par la Faculté de Théologie, ou par la Faculté des Sciences & des Arts, suivant la nature & l'objet de l'Ouvrage que l'on vouloit donner au Public. L'Université seule eut inspection sur les Libraires & les Imprimeurs, comme elle l'avoit eue sur les Libraires lorsqu'ils n'étoient que de simples Copistes ou des marchands de Manuscrits. Il ne faut pas cependant s'y tromper; les premiers Imprimeurs étoient si ignorans, qu'on ne vouloit pas d'un Livre imprimé; les premieres éditions sont chargées d'une infinité de bévues incroyables. Les Imprimeurs étoient, il est vrai, dirigés par des Savans, & malgré cela ils estropioient sous la presse les Manuscrits qui leur étoient confiés. Ce n'a été que sur la fin du XVe siecle qu'il y a eu des Imprimeurs plus instruits, mais ils ont été très-rares. George Merula d'Alexandrie, a fait en 1472 une Diatribe contre l'ignorance des Libraires, Imprimeurs & Correcteurs d'Imprimerie de son temps. Peu-à-peu les Sciences s'introduisirent dans ces laboratoires de l'Imprimerie. Dans cette seconde époque, les Imprimeurs ne furent plus de simples Ouvriers; on les compta eux-mêmes au nombre des Savans; c'est par leurs soins que les Auteurs les plus précieux de l'antiquité ont été restitués à la lumiere, & dépouillés de la rouille qu'ils avoient contractée dans la poussiere des cloîtres où ils ont

---

(1) Une Déclaration du 26 Décembre 1774 a supprimé ce droit sous M. de Miromenil.

été long-temps ensévelis ; c'est à leurs connoissances qu'on doit la correction d'une partie des fautes énormes qui altéroient les meilleurs Manuscrits par l'ignorance du grand nombre de Copistes. La facilité que donna l'impression fit bientôt naître des abus, on défendit d'abord d'imprimer ce qu'un autre avoit déja imprimé ; on défendit ensuite d'imprimer sans en avoir obtenu la permission ; on obtenoit cette permission, ou des Cours Supérieures du Royaume, ou des Juges du lieu ; elle s'accordoit indistinctement à tous les Libraires qui la demandoient ; delà est née la concurrence, parce qu'on ignoroit dans un lieu ce qui avoit été permis d'imprimer dans un autre, & cette concurrence nécessita plus d'une fois la ruine de ceux qui avoient entrepris en différens lieux l'édition des mêmes Ouvrages.

Pour prévenir ce nouvel inconvénient, on imagina d'obtenir ce qu'on a depuis appellé des priviléges, il y en eut de généraux, il y en eut de particuliers, il y en eut même de locaux. Le Roi se réserva d'accorder ces sortes de Lettres, elles portoient en même-temps permission d'imprimer, & défenses à tous autres d'imprimer. Ces priviléges étoient limités, on leur donnoit plus ou moins d'étendue suivant l'importance de l'entreprise : mais cette limitation donnoit-elle le droit à tout Imprimeur & Libraire d'imprimer le Livre qu'un autre avoit déja imprimé, à l'expiration du privilége que le premier avoit obtenu ?

Le renouvellement ou la continuation étoit-elle un abus ? Cette question s'éleva vers la fin du seizieme siecle. La Jurisprudence varia sur cet objet ; d'un côté l'administration accordoit des continuations de privilége ; de l'autre, les Tribunaux les proscrivoient, on faisoit des défenses générales d'en obtenir, & on laissoit jouir ceux qui en avoient obtenu : cette variation, dans la Jurisprudence, conduisoit à penser qu'il falloit distinguer entre les Ouvrages des Anciens & les Ouvrages des Modernes. On ne s'étoit, pour ainsi dire, point encore occupé du droit des Auteurs, & leurs propriétés n'avoient pas même été mises en problême. Peut-être les Auteurs eux-mêmes ne s'étoient-ils point imaginé de réclamer cette propriété. Les uns se contentoient de mettre au jour leurs productions, en abandonnant le profit à l'Imprimeur ; les autres étoient satisfaits du prix qu'ils avoient reçu de leur Manuscrit, & nous ne trouvons aucune Ordonnance, aucun Arrêt, aucun Jugement, en un mot, aucune loi dans laquelle la propriété des Auteurs ait été ou reconnue, ou contestée. Il n'étoit question que de l'Imprimerie en elle-même. On prononça d'abord sur la liberté de l'impression en général, ensuite on prononça sur la liberté de l'impression des Livres lorsqu'ils avoient été déja imprimés. On défendit enfin la continuation des priviléges. Cette liberté & cette défense générale devoit-elle s'appliquer à toute espece d'Ouvrage ? Il est au moins vraisemblable que cette liberté & cette défense ne pouvoient avoir d'application que sur la continuation du privilége des Ouvrages de l'antiquité, ou de ceux dont les Auteurs étoient entierement inconnus. Quand le terme de la durée d'un privilége étoit expiré, le Livre devenoit commun, parce qu'il étoit commun avant l'obtention du privilége. La grace n'avoit fait que suspendre la liberté générale ; mais cette liberté, en elle-même, ne pouvoit être reclamée pour un Ouvrage nouveau ; il n'avoit jamais été commun,

mun, & aucun privilége n'a porté, qu'à son expiration le Livre deviendroit commun à toute la Librairie; d'ailleurs, il parut si peu d'Ouvrages créés dans le quinzieme & le seizieme siecle, qu'il ne faut pas être surpris si les Auteurs eux-mêmes n'ont pas reclamé, & la plupart des Ecrits qui s'imprimerent à cette époque méritoient à peine l'attention du Gouvernement, si l'on en excepte cette multitude d'Ecrits qui doivent leur célébrité aux erreurs du temps & à la division des esprits.

Dans le dix-septiéme siecle on fut plus indulgent ou plus éclairé. On commençoit à sentir le droit de propriété des Auteurs, on le reconnut quelquefois, sur tout lorsqu'ils le reclamerent; mais l'administration, sans parler de cette propriété, fut toujours occupée du soin de concilier le droit naturel avec la liberté indéfinie que les Libraires de Province ne cesserent de reclamer.

Enfin les continuations de privilége furent entiérement adoptées, elles furent consacrées par les loix publiques, mais néanmoins de maniere à les laisser toujours entre les mains de la puissance Royale. On seroit tenté de croire que l'on n'osa prononcer d'une façon décisive sur la liberté de l'impression entre les Auteurs anciens & les Auteurs modernes, & la législation se tint, pour ainsi dire, à côté de la question. C'est néanmoins dans cette distinction des Auteurs anciens & des Auteurs modernes que réside toute la difficulté (1).

D'un côté, on prétend que la limitation de la durée du privilége ne peut être appliquée qu'aux Auteurs anciens, dont les ouvrages existoient en manuscrit avant l'invention de l'Imprimerie, ou aux ouvrages imprimés depuis cette époque, & dont les Auteurs n'existent plus, & sont inconnus, on enfin aux ouvrages imprimés en pays étranger, & réimprimés dans le Royaume. Tous les manuscrits (*anciens*) devoient rester & restent encore en commun jusqu'à ce qu'un Littérateur François y eut fait ou y fasse aujourd'hui des notes ou un commentaire. Le texte original de l'ouvrage en lui-même, les manuscrits répandus alors entre les mains de différentes personnes formoient & formeront toujours le fond de la Librairie du Royaume. On accordoit, on accordera, & on doit accorder des permissions exclusives aux annotateurs; mais pour cela, on ne doit pas défendre aux Imprimeurs de réimprimer les anciennes éditions: le texte des anciens Auteurs Grecs & Romains, ainsi que celui des Auteurs, tant François qu'étrangers (2), peut se vendre sans commentaire comme avec un commentaire, c'est concilier le droit commun avec le droit naturel de chaque particulier.

D'un autre côté, on soutient que la distinction d'ouvrages anciens & d'ouvrages modernes cesse, lorsqu'une fois le manuscrit a été impri-

---

(1) Elle paroît décidée dans ce qui est dit plus haut des Œuvres de S. François-de-Sales, p. 56.

(2) Il n'y a aucun inconvénient d'accorder cette permission aux *Annotateurs*, pour les ouvrages de l'antiquité qui sont censés communs; mais si on l'accorde pour les livres modernes, c'est ôter aux Auteurs ou à leurs représentans tout l'avantage qu'ils ont droit d'espérer du privilége d'imprimer le texte. Il suffira à un Littérateur de jetter quelques notes sur le papier pour s'emparer du texte.

mé; que la faculté d'imprimer tout Livre, ſoit ancien, ſoit nouveau à l'expiration du privilége devient libre, par l'effet même de ce privilége, puiſqu'il n'eſt accordé que pour empêcher la concurrence pendant la durée de la grace, il n'y a plus, pour ainſi dire, de manuſcrit, & la propriété s'évanouit dès que l'ouvrage eſt répandu dans le public, & multiplié par les copies qui s'en débitent. Ce manuſcrit devient par l'impreſſion un effet commun, & tous les Libraires ont un droit égal de le réimprimer. Il ne peut y avoir de propriétaire unique d'une choſe devenue publique, & le privilége ſeul peut établir alors une ſorte de propriété (1).

Voilà, Meſſieurs, l'une & l'autre queſtion, & les moyens qu'on emploie de part & d'autre pour la défendre. Auquel de ces deux ſentimens donner la préférence? Elle eſt due, ſans doute, à celui qui eſt fondé en même-temps & ſur le droit naturel & ſur le droit national; mais ſi le droit naturel milite en faveur de la propriété, l'avantage national exige qu'on facilite le commerce en détruiſant les entraves dont il eſt plus ou moins embarraſſé.

Nous avons rempli la tache qui nous étoit impoſée, nous avons montré de ſiecle en ſiecle la gradation des Réglemens pour réunir, ſous un même point de vue, tout ce qui a été dit ſur cette matiere. Il ne nous reſte plus qu'à placer ſous vous yeux, mais en abregé, les différences eſſentielles entre les nouveaux Réglemens & les anciens.

Le premier des Arrêts du Conſeil, dont nous avons eu l'honneur de vous rendre compte, concerne la diſcipline des Garçons Imprimeurs, le Réglement les aſſujettit à des formalités juſqu'alors inuſitées, telles entr'autres que de porter toujours dans leurs poches un cartouche de parchemin, timbré du Sceau de la Chambre Syndicale, à-peu-près comme les ſoldats qui ont obtenu leur congé. Il fixe des droits pour obtenir ce cartouche, en fixe de nouveaux à chaque mutation de Maître, ou en cas de perte de ce parchemin. Ces droits ont été juſqu'à préſent inconnus: c'eſt une eſpece d'impôt établi par ce Réglement, dont le produit doit être diviſé & réparti entre les anciens Compagnons hors d'état de ſervice, ou que la maladie aura privé du produit d'un travail auquel ils n'auront pu ſe livrer. Vous avez vu en même-temps qu'il établit une ſorte d'inquiſition dans tout le Corps de la Librairie, puiſque chaque Maître eſt aſſujetti à conſigner dans les Regiſtres de la Chambre Syndicale les ſujets de plainte qu'il peut avoir contre chacun de ſes Ouvriers, & que le réſultat de cette inquiſition doit être envoyé à toutes les Chambres Syndicales du Royaume. Ces diſpoſitions ſont abſolument nou-

(1) Rendre une choſe publique, c'eſt donner au Public la facilité d'en faire uſage: or quel eſt l'uſage d'un livre, c'eſt aſſurément d'inſtruire & non de donner à un Libraire ou à un Imprimeur la faculté de s'enrichir, en multipliant les copies de l'ouvrage aux dépens de l'auteur ou de ſon ceſſionnaire. S'il exiſte un moyen de tirer profit d'un ouvrage, à qui de l'Auteur ou d'un étranger, le profit doit-il paſſer? Il n'eſt perſonne qui puiſſe héſiter de ſe déclarer pour l'Auteur, dès lors le droit de l'Auteur eſt conſtant. Si l'Auteur a droit, on ne peut le lui enlever ſans injuſtice; par conſéquent la publicité de l'ouvrage ne donne au public que la facilité de s'inſtruire & non celle de s'enrichir aux dépens de l'Auteur.

velles, il n'en exifte aucune trace dans les anciens Réglemens; mais ce n'eſt point la nouveauté qui doit les faire paroître extraordinaires, c'eſt l'abus qui en peut réſulter : il réſulteroit de celui-ci de ſi grands inconvéniens, qu'il paroît avoir été juſqu'à ce jour dans une eſpece d'oubli, & d'après le ſimple expoſé que nous en avons fait, on ne peut pas être étonné de ſon inexécution.

Le ſecond Arrêt du Conſeil établit deux ventes publiques chaque année dans la Chambre Syndicale de Paris, pour mettre tous les Libraires du Royaume à portée de faire l'acquiſition des fonds de Librairie qui ſeront expoſés en vente, même les priviléges ou portions de priviléges dont les Propriétaires voudront ſe défaire ; à quoi il faut ajouter que les Etrangers ſont admis concurremment avec les Regnicoles à acquérir les fonds de Librairie ſeulement.

Ce Réglement eſt encore tout nouveau, nous ne trouvons rien de ſemblable dans les anciens; mais qu'importe ? La nouveauté d'un Réglement n'en vicie pas la nature; il ſuffit, pour l'adopter, qu'il ait quelque rapport avec l'utilité publique. Sous cet aſpect, il paroît qu'il eſt difficile de ſe promettre un véritable ſuccès de ces ventes publiques, parce que le Libraire qui voudra ſe défaire de ſon fonds, ou l'Imprimeur de ſon privilége, n'aura peut-être pas de confiance au dernier Enchériſſeur, ſur-tout ſi c'eſt un Etranger qui ſe faſſe adjuger le fonds qui aura été expoſé en vente. Il y aura encore plus de difficulté & des inconvéniens plus réels s'il s'agit de fonds appartenans à des mineurs; on a bien de la peine à ſe perſuader que des fonds, ſouvent immenſes, puiſſent s'acheter argent comptant; toute perſonne ſenſée ne vend à crédit qu'à celui dont elle connoît les facultés, ou en qui elle a pleine confiance. Qu'importe, dira-t-on, encore à la légiſlation ? Cela ne regarde que le vendeur & l'acheteur. Mais ſi les tuteurs ſont tenus de vendre le bien de leurs mineurs dans ces ventes publiques, où ſera la ſûreté du patrimoine de ces mineurs ? & quelle garantie ne pourront-ils pas exercer un jour contre un tuteur qui ſe ſera conformé aux Réglemens ?

Le troiſieme Arrêt du Conſeil concerne les réceptions des Libraires & Imprimeurs pour l'avenir. Le nouveau tarif des réceptions augmente de près d'un tiers les derniers droits fixés pour la réception des fils de Maîtres, des Gendres & des Apprentifs; & ce tarif, qui n'eſt qu'annoncé dans l'Arrêt, a depuis été envoyé ſans aucune formalité à la Chambre Syndicale.

A la ſeule inſpection on apperçoit une différence conſidérable entre les nouveaux droits & les droits anciens. Dans le principe, les droits anciens étoient très-modiques. Ils ont été augmentés par le Réglement de 1723; ils ont été portés, pour les Fils de Maîtres & les Gendres de Maîtres, ou ceux qui épouſeroient une veuve, à la ſomme de 900 liv. & pour les apprentifs à la ſomme de 1500 liv., non compris les droits qui ſe paient au Syndic & Anciens pour droit de préſence à la réception; les différentes ſommes doivent être employées aux frais de la Communauté.

Le nouveau Réglement ajoute de nouveaux droits en ſus de ceux portés par le Réglement de 1723, & cette augmentation eſt telle que pour les fils de Maître, gendres de Maître, & ceux qui épouſent une veuve, ils font portés, à l'égard des Libraires & Imprimeurs de Paris, à la fomme de 2000 liv. & pour les apprentifs, à la fomme de 3000 liv., y compris néanmoins les droits de préfence à la réception.

Vous vous rappellez, Meffieurs, que le Réglement de 1723 a été déclaré commun par tout le Royaume, par un Arrêt du Confeil de 1744; par conféquent les Libraires & Imprimeurs de Province payoient pour leurs réceptions autant que les Libraires & Imprimeurs de Paris (1). C'étoit une inattention. Et n'y avoit-il pas une efpece d'injuftice, puifque les profits de la Librairie en Province ne peuvent être comparés à ceux de la Librairie de Paris? & dans le fait, un Libraire de Province ne peut jamais fe flatter d'obtenir une correfpondance auffi étendue dans toute l'Europe qu'un Libraire de Paris (2). La plupart des Savans ou des gens de Lettres viennent ordinairement faire imprimer leurs Ouvrages à Paris. Il eft naturel que les Etrangers aient plus de confiance en la Librairie de Paris, qu'en celle de Province.

Ces motifs ont fans doute prévalu, & nous trouvons dans le nouveau tarif une diminution confidérable pour les droits des réceptions dans la Province (3). On a divifé les Villes en trois claffes. Dans la premiere, les fils & gendres de Maîtres paient 1200 liv., & les apprentifs 1800 liv. Dans la feconde, les fils & gendres de Maîtres paient 600 liv., & les apprentifs 900 liv. Et dans la troifieme, qui comprend généralement toutes les Villes, autres que celles fpécifiées dans les deux premieres claffes, où il y a des Libraires & des Imprimeurs, les fils & gendres de Maîtres paient 300 liv., & les apprentifs 450 liv. Enforte que s'il y a une augmentation pour la Capitale, il y a une diminution pour tout le refte du Royaume. Mais il réfulte auffi de cette diminution, que celui qui payera 3000 liv. pour être à la fois Imprimeur & Libraire à Paris, ne fera pas plus privilégié que celui qui paiera 450 liv. pour exercer la Librairie & l'Imprimerie dans la derniere petite Ville de Province, où aux termes de l'Édit de Louis XIII,

---

(1) Si les Libraires de Province ont avancé ce fait dans leur Mémoire, il font dans l'erreur. A la vérité les Libraires de Province auroient dû payer autant que ceux de Paris pour leur réception, fi le prix fixé eût été un droit Royal, mais il ne l'étoit pas. Le prix des réceptions à Paris a varié en différens temps, fuivant les befoins de la Communauté, auxquels il a toujours été appliqué. Mais comme les Libraires des Villes de Province ne font pas partie de la Communauté des Libraires de Paris, ceux qui s'y faifoient recevoir Libraires ne payoient rien pour leur réception. On y fuivoit le Réglement de 1723, feulement pour les qualités requifes au Récipiendaire; & pour le furplus, ils jouiffoient de la franchife dont nos Rois ont toujours voulu honorer l'art de la Librairie & Imprimerie.

(2) Les Libraires de Province ne favent que trop étendre leur commerce, que la fituation des lieux fembloit circonfcrire, en imprimant les Livres de Paris, & les donnant à meilleur marché, parce qu'ils ne payent pas de copies, & payent moins la main-d'œuvre.

(3) Il n'eft ici queftion que du prix des réceptions; mais il y faut ajouter un voyage quelquefois de 50 lieues pour aller fe faire examiner à la Chambre Syndicale dans le reffort de laquelle on eft; la néceffité d'obtenir un Arrêt du Confeil, inutile, qui ordonne la réception; un nouveau voyage pour la réception: dépenfes qui excéderont celles du Tarif.

il ne devoit y avoir que des Imprimeries pour les Livrets de dévotion, les Livres classiques & autres de cette nature.

Suivant les anciens Réglemens, les sommes fixées pour les réceptions doivent être employées en totalité aux affaires de la Communauté; d'après le nouveau Réglement, le produit de l'augmentation des sommes doit être versé dans la caisse du Sceau, & la totalité de ces nouveaux droits employée à payer les Inspecteurs de la Librairie & autres personnes qui veilleront à la manutention de ce commerce.

Nous ne pouvons nous dispenser de vous observer que les Inspecteurs, les Employés ou autres, étoient autrefois absolument inconnus, qu'ils n'ont aucun caractere en eux-mêmes, & que les procès-verbaux qu'ils pourront dresser ne pourront pas faire foi en Justice, parce qu'ils n'y auront pas prêté serment.

Le quatrieme Arrêt porte suppression des anciennes Chambres Syndicales, & création de nouvelles Chambres dans tout le Royaume : il contient un réglement pour les élections des Syndics & pour la visite des Inspecteurs, qui auront, est-il dit, caractere & autorité, sans qu'on détermine par qui ils seront nommés; si ce seront des offices ou des commissions, comment ils seront reçus, quels seront leurs gages, & à quels signes on pourra les reconnoître.

Les anciens Réglemens avoient établi des formalités pour l'élection des Syndics, & les nouveaux y paroissent entiérement conformes. A l'égard des Inspecteurs, c'est pour la premiere fois qu'il en est question dans les Réglemens de la Librairie : ils sont sans doute nécessaires; mais n'auroit-il pas fallu leur donner au moins des commissions, fixer leurs appointemens, leurs salaires, à chaque Procès-verbal, & les astraindre à prêter serment par-devant un Juge quelconque ?

Ce même Réglement porte sur la vente des Livres après décès, & sur l'ouverture des ballots qui sont envoyés, soit de Paris dans la Province, soit de la Province à Paris : ce sont des précautions qui n'avoient point encore été imaginées pour prévenir la fraude, & qui serviront peut-être à la favoriser davantage; & l'on peut dire que les formalités multipliées, sur-tout pour les envois de Paris en Province, sont dispendieuses pour les Libraires, fatiguantes pour les Livres, inutiles pour l'ordre public; on peut même ajouter, qu'elles sont on ne peut pas plus gênantes pour le commerce, par le retard qu'elles doivent y apporter nécessairement, sans qu'il en puisse résulter aucuns fruits pour la police.

Le cinquieme Arrêt fixe pour l'avenir la durée des priviléges. L'Auteur d'un Ouvrage quelconque aura droit de le vendre & de le débiter chez lui : il jouira toute sa vie du privilége qu'il aura obtenu en son nom; & ses hoirs & ayans cause en jouiront de même à perpétuité, pourvu qu'il ne rétrocede son privilége à aucun Libraire : dans le cas de la rétrocession, le privilége sera réduit à la vie de l'Auteur; & si l'Auteur ne survit pas dix années, le privilége n'aura que cette même étendue de dix années.

En second lieu, à l'expiration d'un privilége, & après la mort de l'Auteur qui l'aura obtenu & rétrocédé, tout Libraire pourra obtenir la permission de faire une Edition semblable, sans que la même permission accordée à un ou plusieurs, puisse empêcher d'obtenir d'autres permissions pour le même Livre.

3°. Les permiſſions accordées après l'expiration d'un privilége ſeront expédiées ſur la ſimple ſignature du Directeur de la Librairie.

4°. Il ſera payé un droit pour les permiſſions, ſuivant un tarif qui en ſera arrêté par M. le Garde des Sceaux, & les droits ſeront perçus par les Syndic & Adjoints de la Chambre Syndicale, ſans qu'ils puiſſent s'en déſaiſir que ſur les ordres de M. le Garde des Sceaux, pour les émolumens des Inſpecteurs, & autres perſonnes prépoſées à la manutention de la Librairie.

En rapprochant ce nouveau Réglement des anciens, nous trouvons que c'eſt la premiere fois qu'il eſt parlé du droit des Auteurs, & des droits de leurs poſtérités. La propriété y eſt entiérement reconnue tant dans la perſonne de l'Auteur, que dans la perſonne de ſes héritiers, & cette propriété paroît ſi évidente, qu'on permet à l'Auteur de vendre chez lui ſon Ouvrage; faculté qui dérive du droit naturel; faculté juſqu'alors inconnue dans tous les Réglemens publics. Après avoir ainſi reconnu le droit ſacré de la propriété, on la dénature, on l'affoiblit, on la reſtraint, lorſque l'Auteur juge à propos de céder ſon privilége: le ceſſionnaire d'un Auteur ne pourra jouir que pendant dix années, & l'Ouvrage deviendra commun à l'expiration du privilége.

Auſſi-tôt que le privilége ſera expiré, tout Libraire, cent Libraires, pourront obtenir la permiſſion d'imprimer le même Ouvrage, même ſans Lettres-Patentes, & cette permiſſion aura lieu ſur une ſimple ſignature du Directeur de la Librairie. Ce nouveau Réglement eſt diamétralement oppoſé à tous ceux qui ſont intervenus ſur cette matiere: toutes les Ordonnances portent, qu'on ne pourra imprimer ni réimprimer aucun Ouvrage ſans Lettres-Patentes ſcellées du grand Sceau, ſous les peines les plus conſidérables.

Dans les anciens Réglemens, les Lettres-Patentes doivent être enregiſtrées dans le Regiſtre de la Chambre Syndicale de Paris, où chacun pouvoit avoir recours: ſuivant le nouveau Réglement, les ſignatures particulieres ne ſeront enregiſtrées que dans le Regiſtre de la Chambre Syndicale du domicile de celui qui aura obtenu la permiſſion; & peu de perſonnes ſeront à portée d'aller conſulter tous les Regiſtres du Royaume (1).

Suivant les anciens Réglemens, les continuations de priviléges étoient adoptées comme une continuation de la propriété; d'après le nouveau, elles ſont entiérement proſcrites, & les permiſſions ſont excluſives de toute eſpece de propriété. Suivant les anciens Réglemens, la concurrence n'étoit tolérée que ſur une eſpece d'Ouvrage; elle étoit abſolument défendue ſur les autres, comme le fléau le plus dangereux de la Librairie: elle eſt favoriſée & généralement admiſe par le nouveau; & le même motif qui paroiſſoit autrefois devoir anéantir tout le commerce de la Librairie, paroît aujourd'hui devoir exciter l'émulation & donner de l'activité à toutes les preſſes du Royaume.

Enfin, les anciens Réglemens n'obligeoient de payer qu'une ſomme fixe & déterminée, pour l'obtention d'un privilége; & par le nouveau

(1) On a vu dans l'hiſtoire impartiale des Réglemens de la Librairie, les grands inconvéniens qui ſont déja réſultés de cette inobſervation de la loi.

Réglement, le prix de la permiſſion eſt évalué à raiſon du nombre des volumes & du format dans lequel on voudra faire imprimer chaque Ouvrage.

Ces différences ne vous ſont point ſans doute échappées; & nous ne nous permettrons aucunes réflexions à ce ſujet.

Le dernier des ſix Arrêts a pour objet de faire grace ſur les contrefaçons qui avoient été multipliées avant ce Réglement, tandis que tous les anciens Réglemens prononcent les peines les plus graves, même la punition corporelle contre ceux qui auroient entrepris de contrefaire un Ouvrage. Les anciens Réglemens déclaroient fauſſaires les contrefacteurs, prononçoient une amende, & autoriſoient les porteurs de priviléges à demander des dommages-intérêts : le Roi, par le nouveau Réglement, remet généralement toutes les peines encourues. Sans doute que le Roi peut faire grace de la peine du faux; ſans doute que le Roi peut remettre la peine de l'amende : mais le Roi pouvoit-il faire grace des dommages-intérêts qui ne lui appartiennent point? Et le motif qui détermine à légitimer en quelque ſorte le fruit du dol & de la fraude & à en permettre la vente publique, c'eſt que ceux qui ſe ſont rendus coupables des contrefaçons ſeroient entiérement ruinés : enſorte que la multiplicité des délits en a fait prononcer l'abolition.

Ce parallele eſt plus que ſuffiſant pour connoître la différence qui ſubſiſte en ce moment entre les anciennes Ordonnances & le nouveau Réglement. Les Loix anciennes ont toujours été muettes ſur la queſtion de propriété des Auteurs : nous n'avons vu juſqu'à préſent cette queſtion préſentée dans aucune Loi, de quelque maniere que ce puiſſe être; & ſi cette proprieté a exiſté & ſe conſerve encore chez une grande partie des Libraires, ce n'eſt que par la tradition & par l'uſage. Nous l'avons déja dit, l'ancienne Légiſlation n'a pas oſé s'expliquer par une Loi poſitive. Toutes les Loix ont ſuppoſé cette propriété, mais aucune ne l'a conſacrée; cependant vous avez vu que juſqu'à la fin du dernier regne on a accordé des continuations de priviléges à ceux qui étoient propriétaires du manuſcrit original de l'Ouvrage imprimé. Les continuations de privilége n'étoient pas ſeulement de pure tolérance, elles étoient auſſi de juſtice. Il eſt difficile en effet de ſe perſuader, qu'en impoſant la néceſſité d'obtenir un privilége ou une ſimple permiſſion, nos Rois aient entendu dépouiller un Auteur de la propriété d'un Ouvrage dont il étoit créateur : cette propriété peut être enviſagée ſous deux aſpects différens, ou dans la main de l'Auteur, ou dans la main du Libraire. Dans la main de l'Auteur, elle eſt inconteſtable, elle n'eſt pas même conteſtée : diſons mieux, elle eſt reconnue, elle eſt conſacrée aujourd'hui, & l'Auteur a droit de jouir de ſon Ouvrage, lui & toute ſa deſcendance, ſes héritiers & ayans cauſe, tant qu'ils ne ſe ſont point déſaiſis du manuſcrit, & qu'ils n'ont point cédé le privilége.

Dans la main de l'Imprimeur cette propriété n'eſt-elle plus la même? Et parce que le Libraire n'eſt point l'Auteur, ne peut-il pas devenir le Propriétaire de l'ouvrage? Eſt-il en la puiſſance du Souverain d'enlever à un de ſes ſujets une choſe qui lui a été donnée, ou cédée, ou qu'il a acquiſe à prix d'argent? En un mot la propriété dépend-elle du privilége, & le privilége lui-même peut-il être regardé autrement que comme une ſauve-garde de la propriété que la juſtice du Roi ne lui permet pas de refuser au véritable Propriétaire, à quelque titre qu'il soit devenu Propriétaire ? Ce droit de propriété a été de tout temps regardé comme inconteftable par les Libraires de toutes les nations. Dès l'origine même de l'Imprimerie, ils se sont plaint amérement de l'abus des contrefaçons, le droit d'un Libraire sur un ouvrage littéraire, soit qu'il l'ait acquis, soit qu'il le tienne de la volonté de l'Auteur, n'est-il pas le droit de l'Auteur sur son propre ouvrage, & si le droit de l'Auteur n'est pas contesté, comment pourroit-on contester celui du Libraire ? Le cédant, peut-il avoir plus de droit que le cessionnaire, & le cessionnaire qui représente l'Auteur ne doit-il pas jouir de tout ce qui lui a été cédé ?

Le privilége que le Roi accorde est un acte de protection, l'approbation est un acte de Police ; mais ni l'un ni l'autre ne peut changer la nature de la propriété.

Avant l'usage des priviléges l'autorité n'a jamais prétendu avoir aucun autre droit sur les productions de l'esprit que celui de l'inspection. Les gens de Lettres sont donc restés, après qu'on eut introduit les priviléges, propriétaires de leurs manuscrits, de même qu'ils l'étoient avant cet établissement.

Si l'Auteur est propriétaire, il a droit de disposer de son bien comme d'un effet qui lui est propre ; il use de ce droit en le transportant à un Libraire. Dès que l'Auteur s'est une fois dépouillé de sa propriété à quelque titre que ce soit, l'acquéreur de cette propriété devient incontestablement propriétaire avec la même étendue, avec la même plénitude que l'Auteur qu'il représente.

C'est ainsi que les Libraires de Paris prétendent établir le droit qu'ils réclament sur tous les ouvrages qu'ils sont en possession d'imprimer, & ce raisonnement est fondé sur la nature même, & sur les principes du droit de propriété ; mais quelque puissant qu'il paroisse, on peut néanmoins y répondre avec la même force, & nous devons mettre sous vos yeux l'analyse de la prétention contraire.

Tout Auteur, il est vrai, est propriétaire de son ouvrage, mais il n'est propriétaire que du manuscrit de son ouvrage, & s'il donne ou s'il vend ce manuscrit, il n'a plus aucune propriété réelle, il ne lui reste que le mérite & l'avantage d'en avoir été le créateur.

Il en est de même du Libraire substitué à l'Auteur, & le Libraire n'a d'autre propriété que celle que l'Auteur lui a transmis, encore ne l'a-t-il pas avec la même plénitude que l'Auteur, parce que celui-ci a créé l'ouvrage, cette qualité d'Auteur qui ne peut lui être enlevée, le met à portée de recréer son ouvrage si le manuscrit étoit perdu, ou brûlé ; l'Imprimeur au contraire n'a d'autre droit que celui d'être devenu possesseur du manuscrit qu'il a acheté, il a fait un échange, & le marché a été consommé par la tradition.

Il est encore une seconde propriété commune à l'un & à l'autre, c'est celle des copies imprimées que l'Auteur a fait exécuter, ou que le Libraire a exécuté pour son compte avec le secours de la presse, si l'un & l'autre gardent en leur possession ces copies, ils ont encore une propriété réelle sur l'ouvrage qu'ils ont ainsi multiplié ; mais du moment que l'ouvrage imprimé est livré au public par la vente des copies qui en ont été tirées, que devient la propriété de l'ouvrage ? Ne peut-on pas dire que l'Auteur n'a rien à prétendre au-delà du prix du manuscrit, & de la qualité indélébile d'Auteur qu'on ne peut lui contester ? Ne peut-on pas dire de même que le Libraire n'a rien à répéter que le prix des copies imprimées de l'ouvrage qu'il a mis au jour, & qu'il peut réimprimer tant que le privilége subsistera ? Ne s'ensuit-il pas delà que la propriété de l'ouvrage s'évanouit après l'impression, & en effet tout Livre donné au public devient un Livre public, qu'il soit ancien ou qu'il soit nouveau peu importe, il n'y a plus de distinction à faire, un livre, dont le privilége est expiré est un livre ancien, la propriété cesse avec le privilége, & l'Auteur, ainsi que le Libraire, renoncent également à toute propriété exclusive par la multiplication des copies, soit qu'elles aient été faites à la main, soit qu'elles sortent de la presse de l'Imprimerie (1).

Avant la découverte de l'Art de la Typographie, il étoit libre à tout possesseur d'un manuscrit, soit que ce fut l'original de l'ouvrage, soit que ce fut un duplicata de ce même original, de tirer des copies de l'un & de l'autre; parce que le possesseur étoit propriétaire du manuscrit qu'il avoit entre les mains. Pouvoit-on empêcher l'acquéreur d'une copie d'en faire une nouvelle à son tour, de la vendre & de récupérer ainsi une portion de la totalité du prix que la premiere lui avoit couté ? ne doit-il pas en être de même d'un ouvrage multiplié par la voie de l'impression ? quiconque en a un exemplaire imprimé n'est-il pas propriétaire de cet exemplaire, & sa propriété ne lui donne-t-elle pas la faculté de la multiplier à son tour, sur-tout lorsque sa profession de Libraire & d'Imprimeur le met à portée de centupler la copie qu'il a entre les mains ? Un ouvrage est commun sitôt qu'il est public. Et qu'y a-t-il de plus commun qu'un ouvrage dont les copies sont multipliées à l'infini ? Il est donc évident que la propriété se multiplie par l'impression, & par une conséquence nécessaire, il ne peut plus y avoir de difficulté que sur la faculté de réimprimer le même ouvrage après l'expiration du privilége.

Peut-on regarder cette faculté de réimprimer comme une véritable propriété, comme un véritable droit, comme un droit réel & personnel, & tellement inhérent à la propriété du premier manuscrit, que ce premier manuscrit entraîne nécessairement le droit de la réimpression ? A cet égard il faut décliner les principes : un Auteur ne peut faire imprimer sans permission ; le privilége lui donne cette permission, & lui garantit en même temps sa propriété par les défenses à tous autres d'imprimer, que contient ce privilége. Jusques-là la propriété de l'Auteur est conservée, il possede encore seul son manuscrit, il le multiplie en le faisant imprimer, & s'il conserve toutes les copies qu'il en a fait tirer, sa propriété est entiere.

Les choses vont changer de face. L'Auteur ne fait imprimer son ouvrage que pour le répandre & le donner au public. Dès ce moment le

(1) Voyez ce qui a été dit plus haut dans la note de la page 68.

public est associé à cette propriété, chaque acquéreur devient propriétaire réel des copies qu'il a achetées. Quel est le droit de cet acquéreur ? c'est d'user de sa chose à sa volonté, de la multiplier à son tour, s'il le juge à propos, & si c'est un Livre, d'en tirer des copies pour les revendre. On ne contestera point à l'acquéreur d'un Livre quelconque le droit d'en tirer des copies manuscrites & d'en disposer à son gré, mais s'il veut faire imprimer l'ouvrage qu'il a acquis, il ne pourra le faire qu'en vertu d'un privilége, parce que sans privilége on ne peut rien imprimer. A qui ce privilége doit-il être accordé ? Tant que le premier subsiste, il seroit de toute injustice d'en accorder un second. L'Auteur n'a donné son ouvrage au public que pour se récompenser de son travail ; & comme rien n'est plus facile que la contrefaçon, l'Auteur n'a donné son ouvrage que sous la sauve-garde de la puissance Royale qui lui a garanti l'exercice de sa propriété pendant la durée du privilége qu'elle lui a accordé.

Oseroit-on soutenir qu'il y auroit de l'injustice à refuser un nouveau privilége à l'expiration du premier ? Non, sans doute. Comme l'Auteur a la liberté de ne pas publier le fruit de son travail, le Roi a de même la liberté de lui refuser la permission de l'imprimer ; mais parce qu'il a accordé cette permission une premiere fois, s'ensuit-il qu'il doive toujours l'accorder, & l'accorder exclusivement à la même personne (1) ? Il est naturel sans doute, de donner la préférence à l'Auteur lorsqu'il ne s'est point dépouillé de la propriété de son manuscrit ; mais s'il a cessé d'être propriétaire du manuscrit original, s'il a transporté le privilége qu'il avoit obtenu parce qu'il étoit Auteur, quel droit l'acquéreur de ce privilége a-t-il plus que tout autre à une continuation de privilége ? Il a acquis le manuscrit de l'Auteur, dira-t-on, il exerce les droits de l'Auteur : mais n'est-il pas suffisamment dédommagé du prix qu'il a donné de ce manuscrit par le bénéfice des copies multipliées qu'il a vendues (2) ? & d'ailleurs qu'est-ce que le produit d'un manuscrit, ils se donnent plutôt qu'ils ne se vendent, & pour en citer un exemple connu, n'est-il pas étonnant que le manuscrit de l'Art de vérifier les dates (3), dont chaque exemplaire se vend 60 liv. n'ait été payé aux Re-

---

(1) S'il est essentiel au commerce de la Librairie de fixer qui peut imprimer un Livre quelconque, afin que plusieurs ne se ruinent pas à le faire en même temps, il semble naturel que le choix tombe sur l'Auteur ou ses représentans.

(2) Ce raisonnement seroit bon, si on vendoit toujours tous les Exemplaires d'une Edition.

(3) Il faut avoir bien du front, pour oser fournir une pareille anecdote à un Magistrat. M. Desprez, indépendamment de l'acquisition du manuscrit de la premiere édition, a donné pour la seconde dont il est ici question, non pas en payement (on ne prétend pas ici apprécier de pareils travaux), mais en présent par forme de reconnoissance, à l'Astronome qui a calculé les éclipses, 1000 livres ; à l'Editeur, 2400 liv. 60 exemplaires qu'on évalue ici 60 livres, & par conséquent 3600 liv. ; 12 exemplaires en papier d'Hollande, qui se vendoient 120 liv., & par conséquent 1440. Il faut y ajouter que M. Desprez a donné, pendant huit ans, à l'Editeur un Exemplaire de tous les Livres qu'il a imprimé, au nombre desquels se trouvent *les Mémoires du Clergé*, 14 vol. in-4°. *Les Procès-verbaux du Clergé*, 6 vol. in-fol. *La Bible in-folio*, &c.

ligieux qui y ont travaillé plus de vingt ans, qu'une modique somme de 600 liv. qu'on juge à présent du bénéfice d'un Imprimeur sur certains manuscrits, & s'il y a de la perte sur quelques ouvrages, un seul qui réussit les dédommage avec usure. Il est donc de toute nécessité de distinguer entre l'Auteur d'un manuscrit, & le Libraire ou l'Imprimeur qui en a fait l'acquisition. Tant que l'Auteur garde en sa possession le privilége qu'il a obtenu, lorsqu'il débite pour son compte ou fait débiter son ouvrage après l'avoir fait imprimer, il conserve sans contredit autant qu'il est en lui, la propriété de l'ouvrage qu'il donne au public. Il ne s'en désaisit point, il communique ses lumières sans renoncer au droit de les repandre, il a demandé un privilége pour assurer sa propriété, l'autorité a adopté sa demande, elle veille sur ses intérêts, il est sous la sauvegarde de la puissance publique, & tant qu'il demeure propriétaire du manuscrit & du privilége, nul autre que lui ne peut en disposer, & remettre au jour un ouvrage qui n'appartient qu'à lui seul.

Il n'en est pas de même du Libraire ou de l'Imprimeur : ils ont acquis deux choses, le manuscrit d'un côté, & de l'autre la jouissance du privilége pendant la durée qui est attachée à son exercice. Mais à l'expiration du privilége, quel droit peuvent-ils avoir à la continuation du privilége? Peuvent-ils même dire que cette espérance a fait partie du prix qu'ils ont donné ou du manuscrit ou du privilége qui leur ont été cédés (1)? Le produit que la plupart des Auteurs ont retiré est si modique, qu'on ne peut pas même soutenir que cet espoir soit entré pour quelque chose dans le marché, & le Roi n'a aucun motif pour donner aux Acquereurs une nouvelle grace que la Justice réclame en faveur de l'Auteur, demeuré propriétaire de son manuscrit. C'est cette distinction entre l'Auteur & son Cessionnaire qui est adoptée par le nouveau Réglement. Le privilége accordé à l'Auteur est indéfini tant qu'il reste propriétaire, & ses héritiers, jusqu'à la derniere génération, joûiront du fruit de ses veilles & de la production de son génie ; mais cet Auteur est moins favorisé, s'il rétrocede son privilége (2) ; en abdiquant

(1) Ils le peuvent dire, car depuis 150 ans cela se pratique ainsi, & cette pratique est fondée sur la politique & la justice : car si d'un côté c'est le moyen de déterminer à faire des entreprises en Librairie, c'est la seule maniere d'indemniser les Entrepreneurs, qui, quoi qu'en disent ceux dont les raisonnemens sont extraits ici, rencontrent plus d'entreprises nuisibles que de favorables. Les fauteurs du systême de la concurrence n'ignorent pas que c'est à la nature des entreprises, qui réussissent fort rarement, & aux contrefaçons, que sont dus tous ces rabais proposés depuis dix ans sur les Livres que l'on donne à perte ; leur nombre en a tellement été multiplié, qu'il en est devenu fastidieux. Les Libraires ont éprouvé dans le même intervalle des pertes encore plus grandes ; ils ont peut-être vendu cinquante mille rames de papier, en rames, c'est-à-dire, qu'ils ont donné à 4 liv. & 5 liv. ce qui leur coûtoit 25 & 30 liv. Après cet exposé, que l'on enleve aux Libraires le peu d'articles qui leur réussissent, & qu'on se flatte, si on l'ose, de voir subsister la Librairie en France.

(2) Quel peut être le motif de cette défaveur qui anéantit le fruit de son travail, quand il ne veut ou ne peut être marchand?

la propriété de l'Ouvrage pour en revêtir un Libraire, il ne conserve que le titre d'Auteur; le privilége passe en d'autres mains; le Roi, dans ce cas, ne s'oblige point à le renouveller, & la restriction qu'il met à la durée de la grace, n'est point destructive de la propriété: cette grace est assurée à toujours dans la personne de l'Auteur; elle n'est assurée que pour un temps dans la main du Cessionnaire; c'est une modification de la grace. Toutes les fois que le Roi accorde un privilége, il n'est pas question de la propriété en elle-même, il ne s'agit que de la maniere d'assurer cette propriété. Le privilége en est le garant & la sauve-garde. Mais cette garantie, cette sauve-garde, peut durer plus ou moins, selon la volonté de celui qui s'oblige à la faire valoir. Encore une fois, le privilége est une grace; elle est de justice pour l'Auteur, & de libéralité pour le Libraire (1); le Prince qui assure cette grace, qui se soumet à cette garantie, a droit de la restreindre ou de la modifier. L'Auteur propriétaire reste toujours propriétaire, l'acquéreur ne perd point une portion de la propriété acquise, s'il a une propriété réelle, il n'en perd que l'assurance & la sauve-garde (2); en un mot, la propriété ne dépend pas du privilége, mais la sauvegarde de la propriété en dépend; & lorsque le Roi ne veut pas renouveller cette assurance, il n'enleve rien à l'Acquereur; mais il lui donne moins qu'à l'Auteur dout il a acheté le privilége & le manuscrit.

On peut ajouter à ces réflexions que la propriété de l'Acquéreur a toujours été contestée, que le renouvellement d'un privilége à son expiration est un abus dans la main du même Imprimeur, que c'est concentrer l'exercice de la Librairie dans une seule famille & dans une seule Ville (3), que la facilité avec laquelle l'Administration a accordé jusqu'à présent des continuations de priviléges, contribue à entretenir

(1) On ne conçoit pas trop comment ce qui est *de justice* pour l'Auteur, est *de pure libéralité* pour celui qui le représente & qui achete le droit qu'il a à *titre de justice* On met de niveau l'Auteur d'un Ouvrage de 200 pages, avec celui qui aura fait un Ouvrage en deux ou trois Volumes *in-folio*. Quel est le Libraire qui achetera pour dix ans le droit de l'Auteur? Quand l'Auteur le donneroit *gratis*, cet intervalle est-il suffisant pour indemniser le Cessionnaire?

(2) Si par la cessation d'un privilége, le propriétaire d'un manuscrit ne perd que l'assurance & la sauve-garde de sa propriété, comment l'Arrêt concernant les priviléges a-t-il pu annoncer qu'à l'expiration d'un privilége, tout Libraire pourra obtenir la permission de réimprimer le Livre, en payant le prix porté au Tarif? Est-ce là le simple silence de la protection cessante? N'est-ce pas le langage d'un propriétaire qui annonce ses propriétés à vendre? Si le Libraire acquéreur du manuscrit de l'Auteur perd sa propriété à l'expiration de son privilége, comment a-t-elle passé dans la main du Roi, pour la vendre au premier requérant? Il faudroit donc que le Gouvernement achetât tous les manuscrits, pour lors il les vendroit avec justice.

(3) Si la Librairie ne s'exerçoit que sur un seul Livre, ce raisonnement pourroit avoir quelque fondement. Mais si une seule Ville, si une seule famille possede un Livre quelconque, qui empêche les autres familles, les autres Villes d'en acquérir d'autres? Si Paris produit plus de manuscrits que Beaune, Beaune produit plus de vin de Bourgogne que Paris, & Paris doit vivre avec ses manuscrits comme Beaune avec ses vins. Il faut que Beaune & Paris ayent des Imprimeries, comme Louis XIII l'ordonnoit, & ne pas enlever à Paris le droit d'y imprimer des Livres qui y ont été

le prix exorbitant ou le monopole des (1) Auteurs & des Libraires, a fait monter les meilleurs Livres ; qu'on a obtenu des continuations de privilége pour n'en pas faire usage, & dans la seule vue d'empêcher un autre Libraire d'en obtenir ; on peut aller plus loin encore, & soutenir que la concurrence, loin d'être le fléau de la Librairie, en est le plus ferme soutien, qu'elle seule peut faire naître de nouvelles éditions plus belles & plus correctes que les premieres, parce que ceux qui réimpriment le même ouvrage, se piquent d'émulation ; ils cherchent à en assurer le débit, & pour que l'édition qu'ils entreprennent mérite la préférence, ils la font exécuter d'une maniere supérieure, & finissent par donner au Public de vrais chef-d'œuvres de Typographie (2). Enfin, la suppression des continuations de priviléges, n'est point une loi nouvelle ; mais fût-elle une loi vraiment nouvelle, elle n'en est pas moins juste, au moins, pour l'avenir ; l'expérience en démontre l'utilité. Plus les hommes se succedent, plus la fraude se multiplie, & les Réglemens doivent en conséquence se multiplier dans une égale proportion : ce qui est bon dans un temps, n'a plus le même avantage dans un autre, & la multiplicité des abus appelle une nouvelle législation.

SI le premier point de vue, sous lequel nous avons fait envisager la Librairie, peut déterminer quelques esprits, le second paroîtra peut-être aussi favorable que le premier, & ne mérite pas moins d'attention. Nous ne pouvons cependant vous le dissimuler, l'usage a prévalu, & la véracité de notre Ministere nous oblige d'avouer que la transmission de la propriété de la main de l'Auteur dans celle de l'Imprimeur ou du Libraire, est au moins reconnue depuis le milieu du siecle dernier. Par une suite de cette propriété reconnue, les Manuscrits sont devenus des effets commerçables, comme une terre, comme une rente, comme une maison ; ils sont passés des peres aux enfans, avec le privilége qui en étoit l'accessoire ; ils ont été donnés en dot, ils ont été vendus, cédés, transportés. Tel est depuis long-temps l'usage du Commerce de la Librairie, & les droits du dernier Propriétaire ont été aussi

---

acquis, pour les transporter à Beaune, qui ne comporte pas une Imprimerie comme celle du Louvre.

(1) Ceux dont on analyse ici les raisonnemens, auroient bien dû nommer quelques-uns des objets du monopole ; mais ils n'en ont trouvé que dans les Livres rares qui ne se réimpriment plus depuis un siecle, comme si la cherté de ces Livres dans les ventes publiques étoit du fait de l'Imprimerie ou de la Librairie, ou même des priviléges ou de leur continuation.

(2) On en appelle à l'expérience. Lorsque le propriétaire d'un manuscrit a fait une belle édition d'un Livre, un contrefacteur en fait une autre, dont il diminue le caractere, & par conséquent les volumes : il épargne sur le papier ; & le bon marché de la sienne fait aussi-tôt cesser la vente de l'édition originale, parce que les curieux de belles éditions ne font pas le plus grand nombre, le général au contraire est pour le bon marché. De belles Editions de Barbou ont vingt ou vingt-cinq ans d'impression, & ne sont pas consommées. Les inconvéniens de la concurrence seroient les mêmes que ceux énoncés dans le Préambule de la Déclaration de 1649, cité pag. 50.

sacrés que les droits du premier. La plus grande partie de ceux qui se sont adonnés à cette profession, a toujours pensé que le terme fixé à la durée du privilége ne pouvoit être un terme à la durée de la propriété : ils conviennent que le Roi peut refuser de renouveller son privilége, parce que c'est un objet de pure police dans l'Etat, parce que les circonstances peuvent s'y opposer, parce qu'il est sage & juste que la permission d'imprimer ne dépende que de la volonté du Souverain, mais ils soutiennent en même temps qu'il est de cette même sagesse, de cette même justice, de ne pas priver le propriétaire d'un Manuscrit qui représente l'Auteur de l'effet d'une grace à laquelle il a des droits, pour l'accorder à un autre, qui n'a que sa qualité de Libraire ou d'Imprimeur pour la demander ; ce seroit alors morceler la propriété, & si elle n'est pas entiere, elle est anéantie.

C'est à vous, Messieurs, à balancer ces grandes considérations, la fortune d'une multitude de familles repose entre vos mains ; vous péserez leurs droits, & l'équité, qui anime toutes vos délibérations, vous fera aisément reconnoître le parti qu'on doit adopter entre une liberté indéfinie & une propriété exclusive.

Nous sera-t-il permis de proposer un genre d'établissement national, qui préviendroit toutes les fraudes & leveroit toutes les difficultés. Est-il impossible que l'Administration se charge elle-même de l'acquisition des Manuscrits, qu'elle traite avec les Auteurs du prix de leurs Ouvrages, sauf à se faire rembourser d'une portion ou de la totalité de ce prix par l'Imprimeur qui se présenteroit pour entreprendre l'édition ? on lui accorderoit un privilége exclusif plus ou moins étendu, suivant l'importance de la somme, & la difficulté du débit ; à l'expiration de ce privilége, & lorsque la somme avancée seroit rentrée dans la caisse destinée à cet effet, le Livre deviendroit commun, & tout Imprimeur pourroit obtenir la permission de le réimprimer, sans donner matiere à aucune contestation ; mais en attendant, comme il est glorieux à l'humanité de n'opérer le bien qu'en faisant le moins de mal possible à ceux dont l'ancien état contrarie le bien qu'on veut faire, il seroit peut-être à désirer qu'on fit un Inventaire de tous les Livres de fond de la Librairie, qu'on se fît représenter les titres légaux pour le droit exclusif des Livres qui sont actuellement dans les magasins, qu'on accordât une continuation de privilége pour donner le temps de vendre ce qui reste des Livres après l'expiration du privilége ou de la continuation de privilége qui ont été obtenus jusqu'à présent ; en un mot, que le nouveau Réglement, en recevant à l'avenir son exécution, n'eût point d'effet rétroactif pour les priviléges actuellement existans, c'est-à-dire, qu'on fixât un délai, passé lequel tous les priviléges anciens, & les continuations de priviléges obtenus jusqu'à ce jour, seroient absolument nuls & de nul effet. Cet acte d'indulgence rétabliroit le calme dans les esprits, & il seroit honorable aux Magistrats, chargés de veiller à la tranquillité publique, de le solliciter aux pieds du Trône d'un Monarque bienfaisant. Ce sont nos vues personnelles que nous vous présentons en ce moment, nous n'entreprendrons point de donner un avis sur une matiere aussi délicate : cet avis doit être délibéré entre nous,

& nous ne pouvons que vous porter le vœu de nos Coopérateurs dans l'exercice du Ministere Public.

La Cour ne nous a demandé qu'un compte, nous l'avons rendu, nous croyons avoir satisfait à ce qu'elle attendoit de notre ministere : trop heureux, quelque parti que la Cour puisse embrasser, si nos recherches ont pu la mettre en état de discerner la vérité, & de la faire connoître !

www.ingramcontent.com/pod-product-compliance
Ingram Content Group UK Ltd.
Pitfield, Milton Keynes, MK11 3LW, UK
UKHW021104270726
13993UKWH00006B/1014